SI ESTO ES UN HOMBRE

Singular Contemporánea

SI ESTO ES UN HOMBRE

PRIMO LEVI

Traducción
Pilar Gómez Bedate

PENÍNSULA

Título original: *Se questo è un uomo*

Ediciones Península,
Avda. Diagonal, 662-664
08034 Barcelona
edicionespeninsula@planeta.es
www.edicionespeninsula.com

Diseño de la colección: Austral / Área Editorial Grupo Planeta
Primera edición en Austral: julio de 2013
Primera edición en esta presentación: abril de 2025

Depósito legal: B. 5.756-2025
ISBN: 978-84-1100-355-1
Impreso en España

Biografía

Primo Levi (Turín, 1919-1987) nació en el seno de una familia judía asentada en el Piamonte. En 1941 se graduó como químico en la Universidad de Turín, una profesión que compaginaría posteriormente con su actividad literaria. Tras participar en la resistencia del norte de Italia, fue capturado y deportado al campo de concentración de Auschwitz. Después de la liberación del campo, en 1945, y de un azaroso periplo por el este de Europa, Levi regresó a Turín, donde publicó su primer testimonio sobre los campos de exterminio nazis, *Si esto es un hombre* (1947), libro fundacional de la literatura concentracionaria. Más tarde verían la luz *La tregua* (1963) y *Los hundidos y los salvados* (1986), dos títulos imprescindibles que completan la *Trilogía de Auschwitz*. Entre sus obras, destacan también sus cinco volúmenes de cuentos: *Historias naturales*, *Defecto de forma*, *El sistema periódico*, *Lilít y otros relatos* y *Última Navidad de guerra*.

Tuve la suerte de no ser deportado a Auschwitz hasta 1944, y después de que el gobierno alemán hubiera decidido, a causa de la escasez creciente de mano de obra, prolongar la media de vida de los prisioneros que iba a eliminar concediéndoles mejoras notables en el tenor de vida y suspendiendo temporalmente las matanzas dejadas a merced de particulares.

Por ello, este libro mío, por lo que se refiere a detalles atroces, no añade nada a lo ya sabido por los lectores de todo el mundo sobre el inquietante asunto de los campos de destrucción. No lo he escrito con intención de formular nuevos cargos; sino más bien de proporcionar documentación para un estudio sereno de algunos aspectos del alma humana. Habrá muchos, individuos o pueblos, que piensen, más o menos conscientemente, que «todo extranjero es un enemigo». En la mayoría de los casos esta convicción yace en el fondo de las almas como una infección latente; se manifiesta sólo en actos intermitentes e incoordinados, y no está en el origen de un sistema de pensamiento. Pero cuando éste llega, cuando el dogma inexpresado se convierte en la premisa mayor de un silogismo, entonces, al final de la cadena está el Lager. Él es producto de un concepto del mundo llevado a sus últimas consecuencias con una coherencia rigurosa: mientras el concepto subsiste las consecuencias nos amenazan. La historia de los campos de destrucción debería ser entendida por todos como una siniestra señal de peligro.

Me doy cuenta, y pido indulgencia por ellos, de los defectos estructurales del libro. Si no en acto, sí en la intención y en su concepción, nació en los días del Lager. La necesidad de hablar a «los demás», de hacer que «los demás» supiesen, había asumido entre nosotros, antes de nuestra liberación y después de ella, el carácter de un impulso inmediato y violento, hasta el punto de que rivalizaba con nuestras demás necesidades más elementales; este libro lo escribí para satisfacer esta necesidad; en primer lugar, por lo tanto, como una liberación interior. De aquí su carácter fragmentario: sus capítulos han sido escritos no en una sucesión lógica sino por su orden de urgencia. El trabajo de empalmarlos y de fundirlos lo he hecho según un plan posterior.

Me parece superfluo añadir que ninguno de los datos ha sido inventado.

PRIMO LEVI

Si esto es un hombre

Los que vivís seguros
En vuestras casas caldeadas
Los que os encontráis, al volver por la tarde,
La comida caliente y los rostros amigos:
    Considerad si es un hombre
    Quien trabaja en el fango
    Quien no conoce la paz
    Quien lucha por la mitad de un panecillo
    Quien muere por un sí o por un no.
    Considerad si es una mujer
    Quien no tiene cabellos ni nombre
    Ni fuerzas para recordarlo
    Vacía la mirada y frío el regazo
    Como una rana invernal.
Pensad que esto ha sucedido:
Os encomiendo estas palabras.
Grabadlas en vuestros corazones
Al estar en casa, al ir por la calle,
Al acostaros, al levantaros;
Repetídselas a vuestros hijos.
    O que vuestra casa se derrumbe,
    La enfermedad os imposibilite,
    Vuestros descendientes os vuelvan el rostro.

El viaje

Me había capturado la Milicia fascista el 13 de diciembre de 1943. Tenía veinticuatro años, poco juicio, ninguna experiencia, y una inclinación decidida, favorecida por el régimen de segregación al que estaba reducido desde hacía cuatro años por las leyes raciales, a vivir en un mundo poco real, poblado por educados fantasmas cartesianos, sinceras amistades masculinas y lánguidas amistades femeninas. Cultivaba un sentido de la rebelión moderado y abstracto.

No me había sido fácil elegir el camino del monte y contribuir a poner en pie todo lo que, en mi opinión y en la de otros amigos no mucho más expertos, habría podido convertirse en una banda de partisanos afiliada a «Justicia y Libertad». No teníamos contactos, armas, dinero ni experiencia para procurárnoslos; nos faltaban hombres capaces y estábamos agobiados por un montón de gente que no servía para el caso, de buena fe o de mala, que subía de la llanura en busca de una organización inexistente, de jefes, de armas o también únicamente de protección, de un escondrijo, de una hoguera, de un par de zapatos.

En aquel tiempo todavía no me había sido predicada la doctrina que tendría que aprender más tarde y rápidamente en el Lager, según la cual el primer oficio de un hombre es perseguir sus propios fines por medios adecuados, y quien se equivoca lo paga, por lo que no puedo sino considerar justo el sucesivo desarrollo de los acontecimientos. Tres centurias de la Milicia que habían salido en plena noche para sorprender a otra banda, mucho más potente y peligrosa que nosotros, que se ocultaba en el valle contiguo, irrumpieron, en una espectral alba de nieve, en nuestro refugio y me llevaron al valle como sospechoso.

En los interrogatorios que siguieron preferí declarar mi condición de «ciudadano italiano de raza judía» porque pensaba que no habría podido justificar de otra manera mi presencia en aquellos lugares, demasiado apartados incluso para un «fugitivo», y juzgué (mal, como se vio después) que admitir mi actividad política habría supuesto la tortura y una muerte cierta. Como judío me enviaron a Fossoli, cerca de Módena, donde en un vasto campo de concentración, antes destinado a los prisioneros de guerra ingleses y americanos, se estaba recogiendo a los pertenecientes a las numerosas categorías de personas no gratas al reciente gobierno fascista republicano.

En el momento de mi llegada, es decir a finales de enero de 1944, los judíos italianos en el campo eran unos ciento cincuenta pero, pocas semanas más tarde, su número llegaba a más de seiscientos. En la mayor parte de los casos se trataba de familias enteras, capturadas por los fascistas o por los nazis por su imprudencia o como consecuencia de una delación. Unos pocos se habían entregado espontáneamente, bien porque estaban desesperados de la vida de prófugos, bien porque no tenían medios de subsistencia o bien por no separarse de algún pariente capturado; o también, absurdamente, para «legalizarse». Había, además, un centenar de militares yugoslavos internados, y algunos otros extranjeros considerados políticamente sospechosos.

La llegada de una pequeña sección de las SS alemanas habría debido levantar sospechas incluso a los más optimistas, pero se llegó a interpretar de maneras diversas aquella novedad sin extraer la consecuencia más obvia, de manera que, a pesar de todo, el anuncio de la deportación encontró los ánimos desprevenidos.

El día 20 de febrero los alemanes habían inspeccionado el

campo con cuidado, habían hecho reconvenciones públicas y vehementes al comisario italiano por la defectuosa organización del servicio de cocina y por la escasa cantidad de leña distribuida para la calefacción; habían incluso dicho que pronto iba a empezar a funcionar una enfermería. Pero la mañana del 21 se supo que al día siguiente los judíos iban a irse de allí. Todos, sin excepción. También los niños, también los viejos, también los enfermos. A dónde iban, no se sabía. Había que prepararse para quince días de viaje. Por cada uno que dejase de presentarse se fusilaría a diez.

Sólo una minoría de ingenuos y de ilusos se obstinó en la esperanza: nosotros habíamos hablado largamente con los prófugos polacos y croatas, y sabíamos lo que quería decir salir de allí.

Para los condenados a muerte la tradición prescribe un ceremonial austero, apto para poner en evidencia cómo toda pasión y toda cólera están apaciguadas ya, cómo el acto de justicia no representa sino un triste deber hacia la sociedad, tal que puede ser acompañado por compasión hacia la víctima de parte del mismo ajusticiador. Por ello se le evita al condenado cualquier preocupación exterior, se le concede la soledad y, si lo desea, todo consuelo espiritual; se procura, en resumen, que no sienta a su alrededor odio ni arbitrariedad sino la necesidad y la justicia y, junto con el castigo, el perdón.

Pero a nosotros esto no se nos concedió, porque éramos demasiados, y había poco tiempo, y además ¿de qué teníamos que arrepentirnos y de qué ser perdonados? El comisario italiano dispuso, en fin, que todos los servicios siguieran cumpliéndose hasta el aviso definitivo; así, la cocina siguió funcionando, los encargados de la limpieza trabajaron como de costumbre, y hasta los maestros y profesores de la pequeña escuela dieron por la tarde su clase como todos los días. Pero aquella tarde a los niños no se les puso ninguna tarea.

Y llegó la noche, y fue una noche tal que se sabía que los ojos humanos no habrían podido contemplarla y sobrevivir. Todos se dieron cuenta de ello, ninguno de los guardianes, ni italianos ni alemanes, tuvo el ánimo de venir a ver lo que hacen los hombres cuando saben que tienen que morir.

Cada uno se despidió de la vida del modo que le era más propio. Unos rezaron, otros bebieron desmesuradamente, otros se embriagaron con su última pasión nefanda. Pero las madres velaron para preparar con amoroso cuidado la comida para el viaje, y lavaron a los niños, e hicieron el equipaje, y al amanecer las alambradas espinosas estaban llenas de ropa interior infantil puesta a secar; y no se olvidaron de los pañales, los juguetes, las almohadas, ni de ninguna de las cien pequeñas cosas que conocen tan bien y de las que los niños tienen siempre necesidad. ¿No haríais igual vosotras? Si fuesen a mataros mañana con vuestro hijo, ¿no le daríais de comer hoy?

En la barraca 6 A vivía el viejo Gattegno, con su mujer y sus numerosos hijos y los nietos y los yernos y sus industriosas nueras. Todos los hombres eran leñadores; venían de Trípoli, después de muchos y largos desplazamientos, y siempre se habían llevado consigo los instrumentos de su oficio, y la batería de cocina, y las filarmónicas y el violín para tocar y bailar después de la jornada de trabajo, porque eran gente alegre y piadosa. Sus mujeres fueron las primeras en despachar los preparativos del viaje, silenciosas y rápidas para que quedase tiempo para el duelo; y cuando todo estuvo preparado, el pan cocido, los hatos hechos, entonces se descalzaron, se soltaron los cabellos y pusieron en el suelo las velas fúnebres, y las encendieron siguiendo la costumbre de sus padres; y se sentaron en el suelo en corro para lamentarse, y durante toda la noche lloraron y rezaron. Muchos de nosotros nos paramos a su puerta y sentimos que descendía en nuestras almas, fresco en nosotros, el dolor antiguo del pueblo que no tiene tierra, el dolor sin esperanza del éxodo que se renueva cada siglo.

El amanecer nos atacó a traición; como si el sol naciente se aliase con los hombres en el deseo de destruirnos. Los distintos sentimientos que nos agitaban, de aceptación consciente, de rebelión sin frenos, de abandono religioso, de miedo, de desesperación, desembocaban, después de la noche de insomnio, en una incontrolable locura colectiva. El tiempo de meditar, el tiempo de asumir las cosas se había terminado, y cualquier intento de razonar se disolvía en un tumulto sin vínculos del cual, dolorosos como tajos de una espada, emergían en relámpagos, tan cercanos todavía en el tiempo y el espacio, los buenos recuerdos de nuestras casas.

Muchas cosas dijimos e hicimos entonces de las cuales es mejor que no quede el recuerdo.

Con la absurda exactitud a que más adelante tendríamos que acostumbrarnos, los alemanes tocaron diana. Al terminar, *Wieviel Stück?*, preguntó el alférez; y el cabo saludó dando el taconazo, y le contestó que las «piezas» eran seiscientos cincuenta, y que todo estaba en orden; entonces nos cargaron en las camionetas y nos llevaron a la estación de Carpi. Allí nos esperaba el tren y la escolta para el viaje. Allí recibimos los primeros golpes: y la cosa fue tan inesperada e insensata que no sentimos ningún dolor, ni en el cuerpo ni en el alma. Sólo un estupor profundo: ¿cómo es posible golpear sin cólera a un hombre?

Los vagones eran doce, y nosotros seiscientos cincuenta; en mi vagón éramos sólo cuarenta y cinco, pero era un vagón pequeño. Aquí estaba, ante nuestros ojos, bajo nuestros pies, uno de los famosos trenes de guerra alemanes, los que no vuelven, aquellos de los cuales, temblando y siempre un poco incrédulos, habíamos oído hablar con tanta frecuencia. Exactamente así, punto por punto: vagones de mercancías, cerrados desde el exterior, y dentro hombres, mujeres, niños, comprimidos sin piedad, como mercancías en docenas, en un viaje hacia la nada, en un viaje hacia allá abajo, hacia el fondo. Esta vez, dentro íbamos nosotros.

Todo el mundo descubre, tarde o temprano, que la felicidad perfecta no es posible, pero pocos hay que se detengan en la consideración opuesta de que lo mismo ocurre con la infelicidad perfecta. Los momentos que se oponen a la realización de uno y otro estado límite son de la misma naturaleza: se derivan de nuestra condición humana, que es enemiga de cualquier infinitud. Se opone a ello nuestro eternamente insuficiente conocimiento del futuro; y ello se llama, en un caso, esperanza y en el otro, incertidumbre del mañana. Se opone a ello la seguridad de la muerte, que pone límite a cualquier gozo, pero también a cualquier dolor. Se oponen a ello las inevitables preocupaciones materiales que, así como emponzoñan cualquier felicidad duradera, de la misma manera apartan nuestra atención continuamente de la desgracia que nos oprime y convierten en fragmentaria, y por lo mismo en soportable, su conciencia.

Fueron las incomodidades, los golpes, el frío, la sed, lo que nos mantuvo a flote sobre una desesperación sin fondo, durante el viaje y después. No el deseo de vivir, ni una resignación consciente: porque son pocos los hombres capaces de ello y nosotros no éramos sino una muestra de la humanidad más común.

Habían cerrado las puertas en seguida pero el tren no se puso en marcha hasta por la tarde. Nos habíamos enterado con alivio de nuestro destino. Auschwitz: un nombre carente de cualquier significado entonces para nosotros pero que tenía que corresponder a un lugar de este mundo.

El tren iba lentamente, con largas paradas enervantes. Desde la mirilla veíamos desfilar las altas rocas pálidas del valle del Ádige, los últimos nombres de las ciudades italianas. Pasamos el Breno a las doce del segundo día y todos se pusieron en pie pero nadie dijo una palabra. Yo tenía en el corazón el pensamiento de la vuelta, y se me representaba cruelmente cuál debería ser la sobrehumana alegría de pasar por allí otra vez, con unas puertas abiertas por donde ninguno desearía huir, y los primeros nombres italianos... y mirando a mi alrededor pensaba en cuántos, de todo aquel triste polvo humano, podrían estar señalados por el destino.

Entre las cuarenta y cinco personas de mi vagón tan sólo cuatro han vuelto a ver su hogar; y fue con mucho el vagón más afortunado.

Sufríamos de sed y de frío: a cada parada pedíamos agua a grandes voces, o por lo menos un puñado de nieve, pero en pocas ocasiones nos hicieron caso; los soldados de la escolta alejaban a quienes trataban de acercarse al convoy. Dos jóvenes madres, con sus hijos todavía colgados del pecho, gemían noche y día pidiendo agua. Menos terrible era para todos el hambre, el cansancio y el insomnio que la tensión y los nervios hacían menos penosos: pero las noches eran una pesadilla interminable.

Pocos son los hombres que saben caminar a la muerte con dignidad, y muchas veces no aquellos de quienes lo esperaríamos. Pocos son los que saben callar y respetar el silencio ajeno. Nuestro sueño inquieto era interrumpido frecuentemente por riñas ruidosas y fútiles, por imprecaciones, patadas y puñetazos lanzados a ciegas para defenderse contra cualquier contacto molesto e inevitable. Entonces alguien encendía la lúgubre llama de una velita y ponía en evidencia, tendido en el suelo, un revoltijo oscuro, una masa humana confusa y continua, torpe y dolorosa, que se elevaba acá y allá en convulsiones imprevistas súbitamente sofocadas por el cansancio.

Desde la mirilla, nombres conocidos y desconocidos de ciudades austríacas, Salzburgo, Viena; luego checas, al final, polacas. La noche del cuarto día el frío se hizo intenso: el tren recorría interminables pinares negros, subiendo de modo perceptible. Había nieve alta. Debía de ser una vía secundaria, las estaciones eran pequeñas y estaban casi desiertas. Nadie trataba ya, durante las paradas, de comunicarse con el mundo exterior: nos sentíamos ya «del otro lado». Hubo entonces una larga parada en campo abierto, después continuó la marcha con extrema lentitud, y el convoy se paró definitivamente, de noche cerrada, en mitad de una llanura oscura y silenciosa.

Se veían, a los dos lados de la vía, filas de luces blancas y rojas que se perdían a lo lejos; pero nada de ese rumor confuso que anuncia de lejos los lugares habitados. A la luz mísera de la última vela, extinguido el ritmo de las ruedas, extinguido todo rumor humano, esperábamos que sucediese algo.

Junto a mí había ido durante todo el viaje, aprisionada como yo entre un cuerpo y otro, una mujer. Nos conocíamos hacía muchos años y la desgracia nos había golpeado a la vez pero poco sabíamos el uno del otro. Nos contamos entonces, en aquel momento decisivo, cosas que entre vivientes no se dicen. Nos despedimos, y fue breve; los dos al hacerlo, nos despedíamos de la vida. Ya no teníamos miedo.

Nos soltaron de repente. Abrieron el portón con estrépito, la oscuridad resonó con órdenes extranjeras, con esos bárbaros ladridos de los alemanes cuando mandan, que parecen dar salida a una rabia secular. Vimos un vasto andén iluminado por reflectores. Un poco más allá, una fila de autocares. Luego, todo quedó de nuevo en silencio. Alguien tradujo: había que bajar con el equipaje, dejarlo junto al tren. En un momento el andén estuvo hormigueante de sombras: pero teníamos miedo de romper el silencio, todos se agitaban en torno a los equipajes, se buscaban, se llamaban unos a otros, pero tímidamente, a media voz.

Una decena de SS estaban a un lado, con aire indiferente, con las piernas abiertas. En determinado momento empezaron a andar entre nosotros y, en voz baja, con rostros de piedra empezaron a interrogarnos rápidamente, uno a uno, en mal italiano. No interrogaban a todos, sólo a algunos. «¿Cuántos años? ¿Sano o enfermo?» y según la respuesta nos señalaban dos direcciones diferentes.

Todo estaba silencioso como en un acuario, y como en algunas escenas de los sueños. Esperábamos algo más apocalíptico y aparecían unos simples guardias. Era desconcertante y desarmante. Hubo alguien que se atrevió a preguntar por las maletas: contestaron: «maletas después»; otro no quería separarse de su mujer: dijeron «después otra vez juntos»; muchas madres no querían separarse de sus hijos: dijeron «bien, bien, quedarse con hijo». Siempre con la tranquila seguridad de quien no hace más que su oficio de todos los días; pero Renzo se entretuvo un instante de más al despedirse de Francesca, que era su novia, y con un solo golpe en mitad de la cara lo tumbaron en tierra; era su oficio de cada día.

En menos de diez minutos todos los que éramos hombres útiles estuvimos reunidos en un grupo. Lo que fue de los demás, de las mujeres, de los niños, de los viejos, no pudimos saberlo ni entonces ni después: la noche se los tragó, pura y simplemente. Hoy sabemos que con aquella selección rápida y sumaria se había decidido de todos y cada uno de nosotros si podía o no trabajar útilmente para el Reich; sabemos que en los campos de Buna-Monowitz y Birkenau no entraron, de nuestro convoy, más que noventa y siete hombres y veintinueve mujeres y que de todos los demás, que eran más de quinientos, ninguno estaba vivo dos días más tarde. Sabemos también que por tenue que fuese no siempre se siguió este sistema de discriminación entre útiles e improductivos y que más tarde se adoptó con frecuencia el sistema más simple de abrir los dos portones de los vagones, sin avisos ni instrucciones a los recién llegados. Entraban en el campo los que el azar hacía bajar por un lado del convoy; los otros iban a las cámaras de gas.

Así murió Emilia, que tenía tres años; ya que a los alemanes les parecía clara la necesidad histórica de mandar a la muerte a los niños de los judíos. Emilia, hija del ingeniero Aldo Levi de Milán, que era una niña curiosa, ambiciosa, alegre e inteligente a la cual, durante el viaje en el vagón atestado, su padre y su madre habían conseguido bañar en un cubo de zinc, en un agua tibia que el degenerado maquinista alemán había consentido en sacar de la locomotora que nos arrastraba a todos a la muerte.

Desaparecieron así en un instante, a traición, nuestras mujeres, nuestros padres, nuestros hijos. Casi nadie pudo despedirse de ellos. Los vimos un poco de tiempo como una masa oscura en el otro extremo del andén, luego ya no vimos nada.

Emergieron, en su lugar, a la luz de los faroles, dos pelotones de extraños individuos. Andaban en formación de tres en tres, con extraño paso embarazado, la cabeza inclinada hacia adelante y los brazos rígidos. Llevaban en la cabeza una gorra cómica e iban vestidos con un largo balandrán a rayas que aun de noche y de lejos se adivinaba sucio y desgarrado. Describieron un amplio círculo alrededor de nosotros, sin acercársenos y, en silencio, empezaron a afanarse con nuestros equipajes y a subir y a bajar de los vagones vacíos.

Nosotros nos mirábamos sin decir palabra. Todo era incomprensible y loco, pero habíamos comprendido algo. Ésta era la metamorfosis que nos esperaba. Mañana mismo seríamos nosotros una cosa así.

Sin saber cómo, me encontré subido a un autocar con unos treinta más; el autocar arrancó en la noche a toda velocidad; iba cubierto y no se podía ver nada afuera pero por las sacudidas se veía que la carretera tenía muchas curvas y cunetas. ¿No llevábamos escolta? ¿...tirarse afuera? Demasiado tarde, demasiado tarde, todos vamos hacia «abajo». Por otra parte, nos habíamos dado cuenta de que no íbamos sin escolta: teníamos una extraña escolta. Era un soldado alemán erizado de armas; no lo vemos porque hay una oscuridad total, pero sentimos su contacto duro cada vez que una sacudida del vehículo nos arroja a todos en un montón a la derecha o a la izquierda. Enciende una linterna de bolsillo y en lugar de gritarnos «Ay de vosotras, almas depravadas» nos pregunta cortésmente a uno por uno, en alemán y en lengua franca, si tenemos dinero o relojes para dárselos: total, no nos van a hacer falta para nada. No es una orden, esto no está en el reglamento: bien se ve que es una pequeña iniciativa privada de nuestro caronte. El asunto nos suscita cólera y risa, y una extraña sensación de alivio.

En el fondo

El viaje duró sólo una veintena de minutos. Luego el autocar se detuvo y vimos una gran puerta, y encima un letrero muy iluminado (cuyo recuerdo todavía me asedia en sueños): ARBEIT MACHT FREI, el trabajo nos hace libres.

Bajamos, nos hacen entrar en una sala vasta y vacía, ligeramente templada. ¡Qué sed teníamos! El débil murmullo del agua en los radiadores nos enfurecía: hacía cuatro días que no bebíamos. Y hay un grifo: encima un cartel donde dice que está prohibido beber porque el agua está envenenada. Estupideces, a mí me parece evidente que el cartel es una burla, «ellos» saben que nos morimos de sed y nos meten en una sala, y hay allí un grifo, y *Wassertrinken verbotten*. Yo bebo, e incito a mis compañeros a hacerlo, pero tengo que escupir, el agua está tibia y dulzona, huele a ciénaga.

Esto es el infierno. Hoy, en nuestro tiempo, el infierno debe de ser así, una sala grande y vacía y nosotros cansados teniendo que estar en pie, y hay un grifo que gotea y el agua no se puede beber, y esperamos algo realmente terrible y no sucede nada y sigue sin suceder nada. ¿Cómo vamos a pensar? No se puede pensar ya, es como estar ya muertos. Algunos se sientan en el suelo. El tiempo transcurre gota a gota.

No estamos muertos; la puerta se ha abierto y ha entrado un SS, está fumando. Nos mira sin prisa, pregunta, *Wer kann Deutsch?*, se adelanta de entre nosotros uno que no he visto nunca, se llama Flesch; él va a ser nuestro intérprete. El

SS habla largamente, calmosamente: el intérprete traduce. Tenemos que ponernos en filas de cinco, separados dos metros uno de otro; luego tenemos que desnudarnos y hacer un hato con las ropas de una manera determinada, las cosas de lana por un lado y todo lo demás por otro, quitarnos los zapatos pero tener mucho cuidado para que no nos los roben.

Robárnoslos ¿quién? ¿Por qué iban a querer robarnos los zapatos? ¿Y nuestros documentos, lo poco que tenemos en los bolsillos, los relojes? Todos miramos al intérprete, y el intérprete le preguntó al alemán, y el alemán fumaba y lo miró de hito en hito como si fuese transparente, como si no hubiese dicho nada.

Nunca habíamos visto a viejos desnudos. El señor Bergmann llevaba un cinturón de herniado y le preguntó al intérprete si tenía que quitárselo, y el intérprete se quedó dudando. Pero el alemán lo entendió y habló seriamente al intérprete señalando a algunos; vimos que el intérprete tragaba saliva, y después dijo:

—El alférez dice que se quite el cinturón y que le darán el del señor Coen.

Se veían las palabras salir amargamente de la boca de Flesch, era su modo de reírse del alemán.

Luego llegó otro alemán, y dijo que pusiésemos los zapatos en una esquina, y los pusimos, porque ya no hay nada que hacer y nos sentimos fuera del mundo y lo único que nos queda es obedecer. Llega uno con una escoba y barre todos los zapatos, fuera de la puerta, en un montón. Está loco, los mezcla todos, noventa y seis pares, estarán desparejados. La puerta da al exterior, entra un viento helado y nosotros estamos desnudos, y nos cubrimos el vientre con las manos. El viento golpea y cierra la puerta; el alemán vuelve a abrirla y se queda mirando con aire absorto cómo nos contorsionamos para protegernos del viento los unos tras de los otros; luego se va y cierra.

Ahora es el segundo acto. Entran violentamente cuatro con navajas de afeitar, brochas y maquinillas rapadoras, llevan pantalones y chaquetas a rayas, un número cosido sobre el pecho; tal vez son de la misma clase que aquellos otros de esta tarde (¿esta tarde o ayer por la tarde?); pero éstos están robustos y floridos. Les hacemos muchas preguntas, pero ellos nos cogen y en un momento nos encontramos pelados y rapados. ¡Qué caras de idiotas tenemos sin pelo! Los cuatro hablan una lengua que no nos parece de este mundo, es seguro que no es alemán porque yo el alemán lo entiendo un poco.

Por fin se abre otra puerta: y aquí estamos todos encerrados, desnudos, tapados, de pie, con los pies metidos en el agua, es una sala de duchas. Estamos solos, y poco a poco se nos pasa el estupor y nos ponemos a hablar, y todos preguntan y ninguno contesta. Si estamos desnudos en una sala de duchas quiere decir que vamos a ducharnos. Si vamos a ducharnos es porque no nos van a matar todavía. Y entonces por qué nos hacen estar de pie, y no nos dan de beber, y nadie nos explica nada, y no tenemos zapatos ni ropas sino que estamos desnudos con los pies metidos en el agua, y hace frío y hace cinco días que estamos viajando y ni siquiera podemos sentarnos.

¿Y nuestras mujeres?

El ingeniero Levi me pregunta si pienso que también nuestras mujeres estarán así como nosotros en estos momentos, y que dónde estarán, y si podremos volver a verlas. Le contesto que sí porque él está casado y tiene una niña; naturalmente que las veremos. Pero ahora mi idea es que todo esto es un gran montaje para reírse de nosotros y vilipendiarnos, y está claro que luego van a matarnos, quien crea que va a vivir está loco, quiero decir que se ha vuelto loco, yo no, yo me he dado cuenta de que pronto habremos terminado, tal vez en esta misma sala, cuando se hayan aburrido de vernos desnudos dando saltos primero con un pie y luego con el otro y tratando de sentarnos en el suelo de vez en cuando, pero en el suelo hay tres dedos de agua fría y no podemos sentarnos.

Andamos de arriba abajo, sin sentido, y hablamos, cada uno de nosotros hablamos con todos los demás, hacemos un gran barullo. Se abre la puerta, entra un alemán, es el alférez de antes; habla brevemente, el intérprete lo traduce.

—El alférez dice que tenéis que callaros porque esto no es una escuela rabínica.

Se ve que estas palabras no suyas, estas palabras malvadas le tuercen la boca al salir, como si escupiese un bocado asqueroso. Le pedimos que le pregunte lo que estamos esperando, cuánto tiempo vamos a estar aquí, qué es de nuestras mujeres, todo: pero dice que no, que no quiere preguntárselo. Este Flesch, que se pliega de muy mala gana a traducir al italiano las gélidas frases alemanas, y no quiere traducir al alemán nuestras preguntas porque sabe que es inútil, es un judío alemán de unos cincuenta años que tiene en la cara una gran cicatriz de una herida que recibió luchando contra los italianos en el Piave. Es un hombre cerrado y taciturno por quien experimento un respeto instintivo porque noto que ha empezado a sufrir antes que nosotros.

El alemán se va y nosotros ahora estamos callados, aunque nos avergoncemos un poco de estar callados. Era aún de noche, nos preguntábamos si veríamos la luz del día. Otra vez se abrió la puerta, y entró uno vestido a rayas. Era distinto de los otros, más viejo, con lentes, una cara más civilizada, y era mucho menos robusto. Nos habló, y hablaba italiano.

Ya estamos cansados de asombrarnos. Nos parece que estamos asistiendo a algún drama insensato, de esos dramas en los que aparecen en escena las brujas, el Espíritu Santo y el demonio. Habla italiano mal, con mucho acento extranjero. Ha hablado mucho tiempo, es muy cortés, trata de contestar todas nuestras preguntas.

Estamos en Monowitz, cerca de Auschwitz, en la Alta Silesia; una región habitada a la vez por alemanes y polacos. Este campo es un campo de trabajo, en alemán se dice *Arbeitslager*, todos los prisioneros (son cerca de diez mil) trabajan en una fábrica de goma que se llama Buna, de manera que el mismo campo se llama Buna.

Nos darán zapatos y ropa, no las nuestras: otros zapatos, otras ropas, como los suyos. Ahora estamos desnudos porque van a ducharnos y a desinfectarnos, cosa que harán inmediatamente después de diana, porque en el campo no se entra si no se está desinfectado.

Sí, tendremos que trabajar, todos aquí tienen que trabajar. Pero hay trabajos y trabajos: él, por ejemplo, es médico, es un médico húngaro que ha estudiado en Italia, es el dentista del Lager. Está en el Lager desde hace cuatro años (no en éste, Buna sólo existe desde hace un año y medio) y, sin embargo, lo podemos ver, está bien, no está demasiado delgado. ¿Por qué está en un Lager? ¿Es judío como nosotros?

—No —dice sencillamente—, yo soy un criminal.

Le hacemos muchas preguntas, él se ríe de vez en cuando, contesta a unas y a otras no, se ve que evita ciertas cuestiones. De las mujeres no dice nada: dice que están bien, que las veremos pronto, pero no dice cómo ni dónde. En vez de eso nos cuenta otras cosas, extrañas y locas, puede que él se esté burlando también de nosotros. Puede que esté loco: en el Lager uno se vuelve loco. Dice que todos los domingos hay conciertos y partidos de fútbol, dice que quien boxea bien puede llegar a ser cocinero. Dice que quien trabaja bien gana buenos premios con los que puede comprarse tabaco y jabón. Dice que realmente el agua no es potable y que en su lugar se distribuye todos los días un sucedáneo de café, pero que generalmente nadie lo bebe porque la sopa está tan aguada que satisface la sed. Le pedimos que nos dé algo de beber y dice que no puede, que ha venido a vernos a escondidas, saltándose la prohibición de los SS porque todavía estamos sin desinfectar, y que tiene que irse en seguida; ha venido porque los italianos le son simpáticos y porque, según dice, «tiene el corazón blando». Le preguntamos entonces si hay más italianos en el campo y dice que hay algunos, pocos, no sabe cuántos, y luego súbitamente cambia de conversación. Mientras tanto ha sonado una campana y se ha ido rápidamente dejándonos atónitos y desconcertados. Hay quien se siente reanimado, pero yo no, yo sigo pensando que también este dentista, este individuo incomprensible, ha querido divertirse a costa nuestra, y no quiero creer una palabra de lo que ha dicho.

Al sonar la campana se ha oído despertar al oscuro campo. Inesperadamente el agua ha empezado a caer, hirviendo, de las duchas, cinco minutos de beatitud; pero inmediatamente después irrumpen cuatro tipos (puede que los barberos) que, empapados y humeantes, nos echan a gritos y empellones a la sala contigua, que está helada; aquí, otras personas que gritan nos echan encima no sé qué andrajos y nos arrojan a las manos un par de zapatones de suela de madera; sin tiempo para entender lo que pasa nos encontramos ya al aire libre, sobre la nieve azul y helada del amanecer y, descalzos y desnudos, con el ajuar en la mano, tenemos que correr hasta otra barraca, a un centenar de metros. Aquí podemos vestirnos.

Al terminar, nos quedamos cada uno en nuestro rincón y no nos atrevemos a levantar la mirada hacia los demás. No hay dónde mirarse, pero tenemos delante nuestra imagen, reflejada en cien rostros lívidos, en cien peleles miserables y sórdidos. Ya estamos transformados en los fantasmas que habíamos vislumbrado anoche.

Entonces por primera vez nos damos cuenta de que nuestra lengua no tiene palabras para expresar esta ofensa, la destrucción de un hombre. En un instante, con intuición casi profética, se nos ha revelado la realidad: hemos llegado al fondo. Más bajo no puede llegarse: una condición humana más miserable no existe, y no puede imaginarse. No tenemos nada nuestro: nos han quitado las ropas, los zapatos, hasta los cabellos; si hablamos no nos escucharán, y si nos escuchasen no nos entenderían. Nos quitarán hasta el nombre: y si queremos conservarlo deberemos encontrar en nosotros la fuerza de obrar de tal manera que, detrás del nombre, algo nuestro, algo de lo que hemos sido, permanezca.

Sabemos que es difícil que alguien pueda entenderlo, y está bien que sea así. Pero pensad cuánto valor, cuánto significado se encierra aún en las más pequeñas de nuestras costumbres cotidianas, en los cien objetos nuestros que el más humilde mendigo posee: un pañuelo, una carta vieja, la foto de una persona querida. Estas cosas son parte de nosotros, casi como miembros de nuestro cuerpo; y es impensable que nos veamos privados de ellas, en nuestro mundo, sin que inmediatamente encontremos otras que las sustituyan, otros objetos que son nuestros porque custodian y suscitan nuestros recuerdos.

Imaginaos ahora un hombre a quien, además de a sus personas amadas, se le quiten la casa, las costumbres, las ropas, todo, literalmente todo lo que posee: será un hombre vacío, reducido al sufrimiento y a la necesidad, falto de dignidad y de juicio, porque a quien lo ha perdido todo fácilmente le sucede perderse a sí mismo; hasta tal punto que se podrá decidir sin remordimiento su vida o su muerte prescindiendo de cualquier sentimiento de afinidad humana; en el caso más afortunado, apoyándose meramente en la valoración de su utilidad. Comprenderéis ahora el doble significado del término «Campo de aniquilación», y veréis claramente lo que queremos decir con esta frase: yacer en el fondo.

Häftling: me he enterado de que soy un *Häftling*. Me llamo 174517; nos han bautizado, llevaremos mientras vivamos esta lacra tatuada en el brazo izquierdo.

La operación ha sido ligeramente dolorosa y extraordinariamente rápida: nos han puesto en fila a todos y, uno por uno, siguiendo el orden alfabético de nuestros nombres, hemos ido pasando por delante de un hábil funcionario provisto de una especie de punzón de aguja muy corta. Parece que ésta ha sido la iniciación real y verdadera: sólo «si enseñas el número» te dan el pan y la sopa. Hemos necesitado varios días y no pocos bofetones y puñetazos para que nos acostumbrásemos a enseñar el número diligentemente, de manera que no entorpeciésemos las operaciones cotidianas de abastecimiento; hemos necesitado semanas y meses para aprender a entenderlo en alemán. Y durante muchos días, cuando la costumbre de mis días de libertad me ha hecho ir a mirar la hora en el reloj de pulsera he visto irónicamente mi nombre nuevo, el número punteado en signos azulosos bajo la epidermis.

Sólo mucho más tarde, y poco a poco, algunos de nosotros hemos aprendido algo de la fúnebre ciencia de los números de

Auschwitz, en la que se compendian las etapas de la destrucción del judaísmo en Europa. A los veteranos en el campo el número se lo dice todo: la época de ingreso en él, el convoy del que formaban parte y, por consiguiente, la nacionalidad. Cualquiera tratará con respeto a los números del 30 000 al 80 000: ya no quedan más que algunos centenares, y marcan a los pocos supervivientes de los *ghettos* polacos. Hace falta tener los ojos bien abiertos cuando se entra en relaciones comerciales con un 116 000 o 117 000: han quedado reducidos a una cuarentena, pero se trata de los griegos de Salónica, no hay que dejarse embaucar. En cuanto a los números altos tienen una nota de comicidad esencial, como sucede con los términos «matrícula» y «conscripto» en la vida normal: el número alto típico es un individuo panzudo, dócil y memo a quien puedes hacerle creer que en la enfermería distribuyen zapatos de cuero para los individuos de pies delicados, y convencerle de que se vaya corriendo hasta allí y te deje su escudilla de sopa «para que se la guardes»; puedes venderle una cuchara por tres raciones de pan; puedes mandarle al más feroz de los *Kapos*, a preguntarle (¡y me ha sucedido a mí!) si es verdad que el suyo es el *Kartoffelschalenkommando*, el Kommando de Pelar Patatas, y si puede enrolarse en él.

Por otra parte, todo nuestro proceso de inserción en este orden nuevo sucede en clave grotesca y sarcástica. Terminada la operación de tatuaje nos han encerrado en una barraca donde no hay nadie. Las literas están hechas, pero nos han prohibido severamente tocarlas o sentarnos encima: así, damos vueltas sin sentido durante medio día por el breve espacio disponible, todavía atormentados por la sed furiosa del viaje. Después se ha abierto la puerta, y ha entrado un muchacho de traje a rayas, con aire bastante educado, bajo, delgado y rubio. Habla francés y muchos nos echamos encima agobiándolo con todas las preguntas que hasta ahora nos hemos hecho inútilmente los unos a los otros.

Pero no habla de buena gana: nadie aquí habla verdaderamente de buena gana. Somos nuevos, no tenemos nada y no sabemos nada; ¿para qué perder el tiempo con nosotros? Nos explica de mala gana que todos los demás están fuera trabajando, y que volverán por la noche. Él ha salido de la enfermería esta mañana, por hoy está dispensado del trabajo. Yo le pregunto (con una ingenuidad que sólo pocos días más tarde me parecería fabulosa) si nos iban a devolver por lo menos los cepillos de dientes; no se rió, sino que, con expresión llena de intenso desprecio, me contestó, *Vous n'êtes pas à la maison*. Y éste es el estribillo que todos nos repiten: no estáis ya en vuestra casa, esto no es un sanatorio, de aquí sólo se sale por la Chimenea (¿qué quería decir?, lo aprenderíamos más tarde).

Y precisamente: empujado por la sed le he echado la vista encima a un gran carámbano que había por fuera de una ventana al alcance de la mano. Abrí la ventana, arranqué el carámbano, pero inmediatamente se ha acercado un tipo alto y gordo que estaba dando vueltas afuera y me lo ha arrancado brutalmente.

—*Warum?* —le pregunté en mi pobre alemán.

—*Hier ist kein warum* (aquí no hay ningún porqué) —me ha contestado, echándome dentro de un empujón.

La explicación es sencilla, aunque revuelva el estómago: en este lugar está prohibido todo, no por ninguna razón oculta sino porque el campo se ha creado para ese propósito. Si queremos seguir viviendo tenemos que aprenderlo rápidamente:

> El Santo Rostro no se halla aquí expuesto
> ni esto es baño en el Serquio...

Una hora tras otra, esta primera jornada larguísima del anteinfierno llega a su fin. Mientras se pone el sol en un vértice de feroces nubes sanguinolentas, nos hacen por fin salir del barracón. ¿Van a darnos de beber? No, vuelven a ponernos en fila, nos llevan a una vasta explanada que ocupa el centro del campo y nos colocan meticulosamente en formación. Luego, de nuevo pasa otra hora sin que ocurra nada: parece que estamos esperando a alguien.

Una banda empieza a tocar junto a la puerta del campo: toca *Rosamunda*, la famosa canción sentimental, y nos parece tan extraño que nos miramos sonriendo burlonamente; surge en nosotros un amago de alivio, puede que todas estas ceremonias no sean más que una payasada colosal al gusto germánico. Pero la banda, al terminar *Rosamunda*, sigue tocando otras marchas, una tras otra, y he aquí que aparecen los pelotones de nuestros compañeros que vuelven del trabajo. Vienen en columnas de cinco: tienen un modo de andar extraño, inhumano, duro, como fantoches rígidos que sólo tuviesen huesos: pero andan marcando escrupulosamente el tiempo de la música.

También, como nosotros, se colocan en orden minucioso en la vasta explanada; cuando ha entrado el último pelotón nos cuentan y vuelven a contar; durante más de una hora se llevan a cabo largas revisiones que parecen dirigidas por un tipo vestido a rayas que responde a un grupito de SS formado en orden de combate.

Por fin (ya es de noche pero el campo está vivamente iluminado por faroles y reflectores) se oye gritar «*Absperre*» y las formaciones se deshacen en un enjambre confuso y turbulento. Ahora andan ya rígidos y embarazados como antes: todos se arrastran con evidente esfuerzo. Advierto que todos llevan en la mano o colgando de la cintura una escudilla de hojalata tan grande como una palangana.

También los recién llegados damos vueltas entre la multitud en busca de una voz, de un rostro amigo, de un guía. Contra las paredes de madera de un barracón están apoyados, sentados en el suelo, dos muchachos: parecen jovencísimos, de unos diez y seis años como mucho, los dos tienen la cara y las manos sucias de hollín. Uno de los dos, mientras pasamos, me llama y me pregunta en alemán algunas cosas que no entiendo; luego me pregunta de dónde venimos.

—*Italien* —le contesto—; querría preguntarle muchas otras cosas, pero mi vocabulario alemán es limitadísimo.

—¿Eres judío? —le pregunto.

—Sí, judío polaco.

—¿Desde cuándo estás en el Lager?

—Tres años —y me muestra tres dedos.

Debe de haber entrado siendo un niño, pienso con horror; por otra parte, esto significa que por lo menos alguien puede vivir aquí.

—¿En qué trabajas?

—*Schlosser* —me contesta. No le entiendo—: *Eisen*; *Feuer* (hierro, fuego).

Insiste, y hace señales con las manos como de quien golpea con el martillo sobre un yunque. Así que es un herrero.

—*Ich Chemiker* —le confío yo; y él asiente gravemente con la cabeza—, *Chemiker gut*. —Pero todo esto se refiere a un futuro lejano: lo que en este momento me atormenta es la sed.

—Beber, agua. Nosotros no agua —le digo.

Él me mira con cara seria, casi severa, y me dice separando las sílabas:

—No bebas agua, compañero —y luego otras palabras que no entiendo.

—*Warum?*

—*Geschwollen* —contesta telegráficamente: yo muevo la cabeza porque no le he comprendido.

«Hinchado», me lo hace entender hinchando los carrillos e indicando con las manos una monstruosa hinchazón de la cara y el vientre.

—*Warten bis heute abend.*

«Esperar hasta esta noche», traduzco yo palabra por palabra.

Luego me dice:

—*Ich* Shloime. *Du?*

Le digo cómo me llamo, y me pregunta:

—¿Dónde tu madre?

—En Italia.

Shloime se asombra:

—¿Judía en Italia?

—Sí —le explico del mejor modo que sé—, escondida, nadie lo sabe, escapar, no hablar, nadie verlo.

Me ha entendido; ahora se pone de pie, se me acerca y me abraza tímidamente. La aventura ha terminado, y me siento lleno de una tristeza que es casi una alegría. No he vuelto a ver a Shloime, pero no he olvidado su cara grave y mansa de muchacho que me acogió en el umbral de la casa de los muertos.

Nos quedan por aprender muchísimas cosas, pero hemos aprendido ya muchas. Tenemos una idea de la topografía del Lager; este Lager nuestro es un cuadrado de unos seiscientos metros de lado, rodeado por dos alambradas de púas, la interior de las cuales está recorrida por alta tensión. Está constituido por sesenta barracones de madera que se llaman *Blocks*, de los que una decena está en construcción: hay que añadir el cuerpo de las cocinas, que es de ladrillo, una fábrica experimental que dirigen un destacamento de *Häftlinge* privilegiados; los barracones de las duchas y de las letrinas, uno por cada seis u ocho *Blocks*. Además, algunos *Blocks* están dedicados a funciones particulares. Antes que ninguno, un grupo de ocho, al extremo este del campo, constituye la enfermería y el ambulatorio; luego está el *Block* 24 que es el *Käftzeblock*, reservado a los sarnosos; el *Block* 7, en donde nunca ha entrado ningún *Häftling* corriente, reservado a la *Prominenz*, es decir, a la aristocracia, a los internados que desempeñan las funciones más altas; el *Block* 47, reservado a los *Reichsdeutsche* (a los alemanes arios, políticos o criminales); el *Block* 49, sólo para *Kapos*; el *Block* 12, la mitad del cual, para el uso de los *Reichsdeutsche* y los *Kapos*, funciona como *Kantine*, es decir, como distribuidora de tabaco, insecticida en polvo y ocasionalmente otros artículos; el *Block* 37, que contiene la Fureria central y la Oficina de trabajo; y para terminar el *Block* 29, que tiene las ventanas siempre cerradas porque es el *Frauenblock*, el prostíbulo del campo, servido por las muchachas polacas *Häftlinge*, y reservado a los *Reichsdeutsche*.

Los *Block*s comunes de viviendas estás divididos en dos locales; en uno (*Tagesraum*) vive el jefe del barracón con sus amigos: tienen una mesa larga, sillas, bancos; por todas partes un montón de objetos extraños de colores vivos, fotografías, recortes de revistas, dibujos, flores artificiales, bibelots; grandes letreros en la pared, proverbios y aleluyas que encomian el orden, la disciplina, la higiene; en un rincón, una vitrina con los instrumentos del *Blockfrisör* (el barbero autorizado), los cucharones para repartir la sopa y dos vergajos de goma, el lleno y el vacío, para mantener la misma disciplina. El otro local es el dormitorio; en él no hay más que ciento cuarenta y ocho literas de tres pisos, dispuestas apretadamente como las celdas de una colmena, de modo que se aprovechen todos los metros cúbicos del espacio, hasta el techo, y separadas por tres pasillos; aquí viven los *Häftlinge* corrientes, doscientos o doscientos cincuenta por barracón, por consiguiente dos en una buena parte de cada una de las literas, que son tablas de madera movibles, provistas de un delgado saco de paja y de dos mantas cada una. Los pasillos de desahogo son tan estrechos que difícilmente pueden pasar dos personas; la superficie total del suelo es tan poca que los habitantes del mismo *Block* no pueden estar dentro a la vez si por lo menos la mitad no están echados en las literas. De ahí la prohibición de entrar en un *Block* al que no se pertenece.

En medio del Lager está la plaza del Pase de Lista, vastísima, donde nos reunimos por las mañanas para formar los pelotones de trabajo, y por la noche para que nos cuenten. Frente a la plaza de la Lista hay un arriate de hierba cuidadosamente segada donde se alza la horca cuando llega la ocasión.

Hemos aprendido bien pronto que los huéspedes del Lager se dividen en tres categorías: los criminales, los políticos y los judíos. Todos van vestidos a rayas, todos son *Häftlinge*, pero los criminales llevan junto al número, cosido en la chaqueta, un triángulo verde; los políticos un triángulo rojo; los judíos, que son la mayoría, llevan la estrella hebraica, roja y amarilla. Hay SS pero pocos y fuera del campo, y se ven relativamente poco: nuestros verdaderos dueños son los triángulos verdes, que tienen plena potestad sobre nosotros, y además aquellos de las otras dos categorías que se prestan a secundarles: y que no son pocos.

Y hay otra cosa que hemos aprendido, más o menos rápidamente, según el carácter de cada cual; a responder *Jawohl*, a no hacer preguntas, a fingir siempre que hemos entendido. Hemos aprendido el valor de los alimentos; ahora también nosotros raspamos diligentemente el fondo de la escudilla después del rancho y nos la ponemos bajo el mentón cuando comemos pan para no desperdiciar las migas. También sabemos ahora que no es lo mismo recibir un cucharón de sopa de la superficie que del fondo del caldero y ya estamos en condiciones de calcular, basándonos en la capacidad de los distintos calderos, cuál es el sitio más conveniente al que aspirar cuando hay que hacer cola.

Hemos aprendido que todo es útil; el hilo de alambre para atarse los zapatos; los harapos para convertirlos en plantillas para los pies; los papeles, para rellenar (ilegalmente) la chaqueta y protegerse del frío. Hemos aprendido que en cualquier parte pueden robarte, o mejor, que te roban automáticamente en cuanto te falla la atención; y para evitarlo hemos tenido que aprender el arte de dormir con la cabeza sobre un lío hecho con la chaqueta que contiene todo cuanto poseemos, de la escudilla a los zapatos.

Conocemos ya buena parte del reglamento del campo, que es extraordinariamente complicado. Las prohibiciones son innumerables: acercarse más de dos metros a las alambradas; dormir con la chaqueta puesta, sin calzoncillos o con el gorro puesto; usar determinados lavabos o letrinas que son *nur für Kapos* o *nur für Reichsdeutsche*; no ir a la ducha los días prescritos, e ir los días no prescritos; salir del barracón con la chaqueta desabrochada o con el cuello levantado; llevar debajo de la ropa papel o paja contra el frío; lavarse si no es con el torso desnudo.

Infinitos e insensatos son los ritos que hay que cumplir: cada día por la mañana hay que hacer «la cama» dejándola completamente lisa; sacudir los zuecos fangosos y repugnantes de la grasa de las máquinas, raspar de las ropas las manchas de fango (las manchas de barniz, de grasa y de herrumbre se admiten, sin embargo); por las noches hay que someterse a la revisión de los piojos y a la revisión del lavado de los pies; los sábados hay que afeitarse la cara y la cabeza, remendarse o dar a remendar los harapos; los domingos, someterse a la revisión general de la sarna, y a la revisión de los botones de la chaqueta, que tienen que ser cinco.

Además, se dan innumerables circunstancias, normalmente insignificantes, que se convierten en problemas. Cuando las uñas están largas hay que cortárselas, lo que no se puede hacer sino con los dientes (para las uñas de los pies es suficiente el roce de los zapatos); si un botón se pierde hay que saber cosérselo con un hilo de alambre; si se va a la letrina o al lavabo hay que llevarse todo consigo, siempre y en cualquier parte, y mientras uno se lava los ojos tiene que tener el lío de la ropa bien cogido entre las rodillas: si no fuese así, en aquel preciso momento se lo robarían. Si un zapato hace daño hay que acudir por la tarde a la ceremonia del cambio de zapatos: en ella se pone a prueba la pericia del individuo, que en medio de un increíble montón tiene que saber elegir con un rápido vistazo un zapato (no un par) que le esté bien, porque una vez que lo ha elegido no se le permiten más cambios.

Y no creáis que los zapatos, en la vida del Lager, son un factor sin importancia. La muerte empieza por los zapatos: se han convertido, para la mayoría de nosotros, en auténticos instrumentos de tortura que, después de las largas horas de marcha, ocasionan dolorosas heridas las cuales fatalmente se infectan. Quien las padece está obligado a andar como si tuviese una bala en el pie (y he aquí por qué andan tan extrañamente los ejércitos de larvas que cada noche vuelven desfilando); llega a todas partes el último y por todas partes recibe golpes; no puede huir si lo persiguen; se le hinchan los pies, y cuanto más se le hinchan más insoportable le resulta el roce con la madera y la tela de los zapatos. Entonces lo único que le queda es el hospital: pero entrar en el hospital con el diagnóstico de *dicke Füsse* (pies hinchados) es extraordinariamente peligroso, porque es bien sabido por todos, y especialmente por los SS, que de este mal aquí es imposible curarse.

Y a todo esto todavía no hemos tenido en cuenta el trabajo, que a su vez es una maraña de leyes, de tabúes y de problemas.

Todos trabajamos, excepto los enfermos (lograr ser declarado enfermo supone de por sí un importante bagaje de sabiduría y de experiencia). Todas las mañanas salimos en formación del campo de Buna; todas las tardes, en formación, volvemos a él. Por lo que se refiere al trabajo estamos subdivididos en unos doscientos *Kommandos*, cada uno de los cuales consta de quince a ciento cincuenta hombres bajo el mando de un *Kapo*. Hay *Kommandos* buenos y malos: en su mayor parte están adscritos a los transportes y el trabajo es muy duro, especialmente en invierno, aunque no sea más que por desarrollarse siempre al aire libre. También hay *Kommandos* de especialistas (electricistas, herreros, albañiles, soldadores, mecánicos, picapedreros, etcétera) que están adscritos a determinadas oficinas o departamentos de la Buna, dependientes de modo más directo de *Meister* civiles, en su mayoría alemanes y polacos: esto, naturalmente, sucede sólo durante las horas de trabajo: durante el resto de la jornada los especialistas (en total no son más de trescientos o cuatrocientos) no reciben un trato distinto del de los trabajadores comunes. En la asignación de los individuos a los distintos *Kommandos* decide un oficial especial del Lager, el *Arbeitsdienst*, que está en continua relación con la dirección civil de la Buna. El *Arbeitsdienst* toma las decisiones siguiendo criterios desconocidos, a menudo basándose abiertamente en el favoritismo y la corrupción, de manera que si alguien consigue hacerse con algo de comer puede estar prácticamente seguro de obtener un buen puesto en la Buna.

El horario de trabajo cambia según la estación. Todas las horas de luz son horas de trabajo: por ello se va de un horario mínimo de invierno (de 8 a 12 y de 12.30 a 16) a uno máximo de verano (de 6.30 a 12 y de 13 a 18). Bajo ningún concepto pueden los *Häftlinge* estar trabajando durante las horas de oscuridad o cuando haya una niebla densa, mientras se trabaja regularmente cuando llueve o nieva o (caso muy frecuente) cuando sopla el feroz viento de los Cárpatos; esto en relación con el hecho de que la oscuridad o la niebla podrían proporcionar ocasión para las tentativas de fuga.

Un domingo de cada dos es día normal de trabajo; los domingos que se llaman festivos se trabaja en realidad generalmente en la conservación del Lager, de manera que los días de reposo real son extraordinariamente raros.

Ésta habrá de ser nuestra vida. Cada día, según el ritmo establecido, *Ausrücken* y *Einrücken*, salir y entrar; trabajar, dormir y comer; ponerse enfermo, curarse o morir.

... ¿Y hasta cuándo? Pero los antiguos se ríen de esta pregunta: en esta pregunta se reconoce a los recién llegados. Se ríen y no contestan: para ellos, hace meses, años, que el problema del futuro remoto se ha descolorido, ha perdido toda su agudeza, frente a los mundos más urgentes y concretos problemas del futuro próximo: cuándo comeremos hoy, si nevará, si habrá que descargar carbón.

Si fuésemos razonables tendríamos que resignarnos a esta evidencia: que nuestro destino es perfectamente desconocido, que cualquier conjetura es arbitraria y totalmente privada de cualquier fundamento real. Pero los hombres son muy raramente razonables cuando lo que está en juego es su propio destino; en cualquier caso prefieren las posturas extremas; por ello, según su carácter, entre nosotros los hay que se han convencido inmediatamente de que todo está perdido, de que no podemos seguir viviendo y de que el fin está cerca y es seguro; otros, que por muy dura que sea la vida que nos espera aquí, la salvación es probable y no está lejos, y que si tenemos fe y fuerza volveremos a ver nuestro hogar y a nuestros seres queridos. Los dos grupos, los pesimistas y los optimistas, no están, por otra parte, tan diferenciados: no ya porque los agnósticos sean muchos sino porque la mayoría, sin memoria ni coherencia, oscila entre las dos posturas límite según sus interlocutores del momento.

Heme aquí, por consiguiente, llegado al fondo. A borrar con una esponja el pasado, el futuro se aprende pronto si os obliga la necesidad. Quince días después del ingreso tengo ya el hambre reglamentaria, un hambre crónica desconocida por los hombres libres, que por la noche nos hace soñar y se instala en todos los miembros de nuestro cuerpo; he aprendido ya a no dejarme robar, y si encuentro una cuchara, una cuerda, un botón del que puedo apropiarme sin peligro de ser castigado me lo meto en el bolsillo y lo considero mío de pleno derecho. Ya me han salido, en el dorso de los pies, las llagas que no se curan. Empujo carretillas, trabajo con la pala, me fatigo con la lluvia, tiemblo ante el viento; ya mi propio cuerpo no es mío: tengo el vientre hinchado y las extremidades rígidas, la cara hinchada por la mañana y hundida por la noche; algunos de nosotros tienen la piel amarilla, otros gris: cuando no nos vemos durante tres o cuatro días nos reconocemos con dificultad.

Habíamos decidido reunirnos los italianos todos los domingos en un rincón del Lager: pero pronto lo hemos dejado de hacer porque era demasiado triste contarnos y ver que cada vez éramos menos, y más deformes, y más escuálidos. Y era tan cansado andar aquel corto camino: y además, al encontrarnos, recordábamos y pensábamos, y mejor era no hacerlo.

La iniciación

Después de los primeros días de traslados caprichosos de un bloque a otro y de *Kommando* a *Kommando*, me asignaron, ya de noche, al *Block* 30 y me indicaron una litera donde estaba durmiendo Diena. Diena se despierta y, aunque muerto de cansancio, me hace sitio y me recibe amistosamente.

Yo no tengo sueño o, mejor dicho, el sueño me lo disimula el estado de tensión y de ansiedad de que no he podido librarme todavía, y por eso hablo y hablo.

Tengo demasiadas preguntas que hacer. Tengo hambre, y cuando mañana repartan el potaje ¿cómo voy a arreglármelas para comerlo sin cuchara? ¿Y cómo se puede uno hacer una cuchara? ¿Y dónde van a mandarme a trabajar? Diena sabe tanto como yo, naturalmente, y me contesta con otras preguntas. Pero de arriba, de abajo, de al lado, desde lejos, desde todos los rincones del barracón ya a oscuras, voces sonoras e iracundas me gritan:

—*Ruhe, Ruhe!*

Entiendo que me imponen silencio, pero la palabra es nueva para mí, y como no conozco su sentido y sus complicaciones, mi inquietud aumenta. La confusión de las lenguas es un componente fundamental del modo de vivir aquí abajo; se está rodeado por una perpetua Babel en la que todos gritan órdenes y amenazas en lenguas que nunca se han oído, y ¡ay de quien no las coge al vuelo! Aquí nadie tiene tiempo, nadie tiene paciencia, nadie te escucha; los que hemos llegado últimos nos reunimos instintivamente en los rincones, contra las paredes, para sentirnos con la espalda materialmente resguardada.

Renuncio, pues, a hacer preguntas y en breve me hundo en un sueño amargo y tenso. Pero no es un descanso: me siento amenazado, hostigado, a cada instante estoy a punto de contraerme con un espasmo de defensa. Sueño y me parece que estoy durmiendo en mitad de una calle, de un puente, atravesado en una puerta por la que pasa mucha gente. Y aquí llega, ¡qué rápidamente!, el despertar. El barracón se sacude desde los cimientos, las luces se encienden, todos se agitan a mi alrededor en una actividad frenética repentina: sacuden las mantas levantando nubes de polvo fétido, se visten con prisa febril, corren afuera al hielo del aire exterior a medio vestir, se precipitan a las letrinas y los lavabos; muchos, como animales, orinan mientras corren para ganar tiempo porque dentro de cinco minutos empieza la distribución del pan, del pan-*Brot-Broit-chleb-pain-lechem-kenyér*, del sagrado pedacito gris que parece gigantesco en manos de tu vecino y pequeño hasta echarse a llorar en las tuyas. Es una alucinación cotidiana a la que uno termina por acostumbrarse: pero en los primeros tiempos es tan irresistible que muchos de nosotros, luego de discutir por parejas sobre la propia evidente y constante mala suerte y la escandalosa buena suerte del otro, acabamos por intercambiar nuestras raciones, con lo que la ilusión se reproduce de manera inversa dejando a todos contentos y frustrados.

El pan es también nuestra única moneda: entre los pocos minutos que transcurren entre su distribución y su consumición, el *Block* resuena con reclamaciones, peleas y fugas. Son los acreedores del día anterior que quieren ser pagados en los breves instantes en que el deudor es solvente. Después de lo cual se instala una relativa calma que muchos aprovechan para volver a las letrinas a fumar medio cigarrillo, o al lavabo para lavarse de verdad.

El lavabo es un sitio poco atractivo. Está mal iluminado, lleno de corrientes de aire, y el piso de ladrillos está cubierto por una capa de lodo; el agua no es potable, huele mal y muchas veces falta durante mucho tiempo. Las paredes están decoradas por curiosos frescos didascálicos: por ejemplo se ve al *Häftling* bueno, representado desnudo hasta la cintura, en acto de enjabonarse el cráneo sonrosado y rapado, y al *Häftling* malo, de nariz acusadamente semítica y colorido verdoso, que, enfundado en sus ropas llenas de manchas y con el gorro puesto, mete cautelosamente un dedo en el agua del lavabo. Debajo del primero está escrito: *So bist du rein* (así te quedarás limpio), y debajo del segundo: *So gehst du ein* (así te buscas la ruina); y más abajo, en un francés dudoso pero en caracteres góticos: *La propreté, c'est la santé.*

En la red opuesta campea un enorme piojo blanco, rojo y negro, con la frase: *Eine Laus, dein Tod* (un piojo es tu muerte), y el inspirado dístico:

Nach dem Abort, vor dem Essen
Hände waschen, nicht vergessen

(después de la letrina, antes de comer, lávate las manos, no lo olvides).

Durante semanas he considerado estas amonestaciones sobre la higiene como puros rasgos de humor teutónico, en el estilo del diálogo sobre el cinturón herniario con que se nos había recibido a nuestro ingreso en el Lager. Pero después he comprendido que sus desconocidos autores, puede que subconscientemente, no estaban lejos de algunas verdades fundamentales. En este lugar, lavarse todos los días en el agua turbia del inmundo lavabo es prácticamente inútil a fines de limpieza y de salud; pero es importantísimo como síntoma de un resto de vitalidad, y necesario como instrumento de supervivencia moral.

Tengo que confesarlo: después de una única semana en prisión noto que el instinto de la limpieza ha desaparecido en mí. Voy dando vueltas bamboleándome por los lavabos y aquí está Steinlauf, mi amigo de casi cincuenta años, a torso desnudo, restregándose el cuello y la espalda con escaso fruto (no tiene jabón) pero con extrema energía. Steinlauf me ve y me saluda, y sin ambages me pregunta con severidad por qué no me lavo. ¿Por qué voy a lavarme? ¿Voy a estar mejor de lo que estoy? ¿Voy a gustarle más a alguien? ¿Voy a vivir un día, una hora más? Incluso viviré menos, porque lavarse es un trabajo, un desperdicio de energía y calor. ¿No sabe Steinlauf que después de media hora cargando sacos de carbón habrá desaparecido cualquier diferencia entre él y yo? Cuanto más lo pienso más me parece que lavarse la cara en nuestra situación es un acto insulso, y hasta frívolo: una costumbre mecánica, o peor, una lúgubre repetición de un rito extinguido. Vamos a morir todos, estamos a punto de morir: si me sobran diez minutos entre diana y el trabajo quiero dedicarlos a otra cosa, a encerrarme en mí mismo, a echar cuentas o tal vez a mirar el reloj y a pensar que puede que lo esté viendo por última vez; o también a dejarme vivir, a darme el lujo de un ocio minúsculo.

Pero Steinlauf me hace callar. Ha terminado de lavarse, ahora se está secando con la chaqueta de tela que antes tenía enroscada entre las piernas y que luego va a ponerse, y sin interrumpir la operación me da una lección en toda regla.

He olvidado hoy, y lo siento, sus palabras directas y claras, las palabras del que fue el sargento Steinlauf del Ejército austro-húngaro, cruz de hierro en la guerra del 14-18. Lo siento porque tendré que traducir su italiano inseguro y su razonamiento sencillo de buen soldado a mi lenguaje de incrédulo. Pero éste era el sentido, que no he olvidado después ni olvidé entonces: que precisamente porque el Lager es una gran máquina para convertirnos en animales, nosotros no debemos convertirnos en animales; que aun en este sitio se puede sobrevivir, y por ello se debe querer sobrevivir, para contarlo, para dar testimonio; y que para vivir es importante esforzarse por salvar al menos el esqueleto, la armazón, la forma de la civilización. Que somos esclavos, sin ningún derecho, expuestos a cualquier ataque, abocados a una muerte segura, pero que nos ha quedado una facultad y debemos defenderla con todo nuestro vigor porque es la última: la facultad de negar nuestro consentimiento. Debemos, por consiguiente, lavarnos la cara sin jabón, en el agua sucia, y secarnos con la chaqueta. Debemos dar betún a los zapatos no porque lo diga el reglamento sino por dignidad y por limpieza. Debemos andar derechos, sin arrastrar los zuecos, no ya en acatamiento de la disciplina prusiana sino para seguir vivos, para no empezar a morir.

Estas cosas me dijo Steinlauf, hombre de buena voluntad: cosas extrañas para mi oído desacostumbrado, entendidas y aceptadas sólo en parte, y mitigadas por una doctrina más fácil, dúctil y blanda, la que hace siglos que se respira más acá de los Alpes y según la cual, entre otras cosas, no hay vanidad mayor que esforzarse en tragarse enteros los sistemas morales elaborados por los demás, bajo otros cielos. No, la prudencia y la virtud de Steinlauf, ciertamente buenas para él, no me bastan. Frente a este complicado mundo inferior mis ideas están confusas: ¿será realmente necesario establecer un sistema y practicarlo? ¿No será más saludable tomar conciencia de no tener sistema?

Ka-Be

Todos los días se parecen y no es fácil contarlos. Hace no sé cuántos días que vamos como un péndulo, en parejas, de la estación al almacén: un centenar de metros de suelo en deshielo. Adelante bajo la carga, hacia atrás con los brazos colgando a lo largo del cuerpo, sin hablar.

A nuestro alrededor todo nos es enemigo. Encima de nosotros se agrupan las nubes malignas, para separarnos del sol; por todas partes nos oprime la amenaza de las alambradas. Sus confines no los hemos visto nunca pero sentimos, todo alrededor, la presencia maléfica del hilo erizado que nos segrega del mundo... Y en los andamios, en los trenes en maniobra, en las carreteras, en las excavaciones, en las oficinas, hombres y más hombres, esclavos y amos, y amos que son esclavos de ellos mismos; el miedo mueve a uno y el odio a los otros, toda otra fuerza calla. Todos son aquí enemigos o rivales.

No, la verdad es que en mi compañero de hoy, bajo el yugo de mi misma carga, no siento a un enemigo ni a un rival.

Es Null Achtzehn. No, se llama de otra manera, Cero Diez y Ocho, las últimas tres cifras de su número de registro: como si todos se hubieran dado cuenta de que sólo un hombre es digno de tener un nombre, y de que Null Achtzehn no es ya un hombre. Creo que él mismo habrá olvidado su nombre, la verdad es que se comporta como si así fuera. Cuando habla, cuando mira, da la impresión de estar interiormente vacío, de no ser más que un envoltorio, como esos despojos de insectos que se encuentran en la orilla de los pantanos, pegados por un hilo a un guijarro, mientras el viento los sacude.

Null Achtzehn es muy joven, lo que constituye un peligro grave. No sólo porque los muchachos soportan peor que los adultos las fatigas y el ayuno, sino porque aquí, para sobrevivir, se necesita sobre todo un largo adiestramiento en la lucha de uno contra todos que los jóvenes raramente tienen. Null Achtzehn no está ni siquiera especialmente debilitado pero todos evitan trabajar con él. Todo le es indiferente hasta tal punto que ha dejado de preocuparse por evitar el cansancio y los golpes ni por buscar comida. Cumple todas las órdenes que recibe y es de prever que, cuando lo envíen a la muerte, vaya con esta misma indiferencia total.

No tiene la astucia elemental de los caballos de remolque, que dejan de tirar un poco antes de llegar al agotamiento: sino que tira o lleva o empuja hasta que las fuerzas se lo permiten, luego cede de plano, sin una palabra de advertencia, sin levantar del suelo sus ojos tristes y opacos. Me recuerda a los perros de los trineos en los libros de London, que se fatigan hasta el último aliento y mueren en la pista.

Así, como todos nosotros buscamos por cualquier medio sustraernos al cansancio, Null Achtzehn es el que trabaja más de todos. Por eso, y porque es un compañero peligroso, nadie quiere trabajar con él; y como por otra parte nadie quiere trabajar conmigo, porque soy débil y desmañado, sucede con frecuencia que nos encontramos emparejados.

Mientras con las manos vacías volvemos una vez más arrastrando los pies desde el almacén, una locomotora silba brevemente y nos corta el paso. Contentos con la interrupción forzosa, Null Achtzehn y yo nos paramos: encorvados y miserables esperamos a que los vagones hayan terminado de pasarnos lentamente por delante.

...Deutsche Reichsbahn. Deutsche Reichsbahn. SNCF. Dos gigantescos vagones rusos con la hoz y el martillo mal ta-

chados. Deutsche Reichsbahn. Luego, Caballo, 8 Hombres 40 Tara, Portata: un vagón italiano. ... Saltar dentro, en una esquina, bien escondido bajo el carbón, estarse quieto y callado, en la oscuridad, escuchando sin cesar el ritmo de las ruedas, más fuerte que el hambre y que el cansancio; hasta que en algún momento se parase el tren y sintieses el aire tibio y el olor a heno, y pudieses salir al sol: entonces me echaría sobre la tierra, para besar la tierra, como se lee en los libros: con la cara entre la hierba. Y pasaría una mujer, y me preguntaría ¿quién eres? en italiano, y yo se lo contaría en italiano, y me entendería y me daría de comer y de beber y dónde dormir. Y no creería las cosas que yo le contase, y yo le enseñaría el número que llevo en el brazo, y entonces me creería.

... Se ha acabado. El último vagón ha pasado y, como al levantarse un telón, está ante nosotros el montón de las piezas de hierro, el *Kapo* de pie sobre el montón con un látigo en la mano, los compañeros que habían desaparecido, en parejas que van y vienen.

Ay de quien sueña: el momento de conciencia que acompaña al despertar es el sufrimiento más agudo. Pero no nos ocurre con frecuencia, y los sueños no son largos: no somos más que bestias cansadas.

Otra vez estamos al pie del montón. Mischa y el Galiziano levantan una pieza y nos la colocan de mala manera sobre los hombros. Su puesto es el menos fatigoso, por ello derrochan celo para conservarlo: llaman a los compañeros que se retrasan, incitan, exhortan, imponen al trabajo un ritmo insostenible. Esto me llena de ira, aunque ya sepa que está dentro del orden normal de las cosas que los privilegiados opriman a los no privilegiados: es ésta la ley humana que rige toda la estructura social del campo.

Esta vez me toca a mí ir delante. La pieza es pesada pero muy corta; por lo que a cada paso siento detrás de mí los pies de Null Achtzehn que tropiezan contra mis pies porque él no es capaz, o no se preocupa, de adaptarse a mi paso.

Veinte pasos, hemos llegado a la vía, hay un cable que saltar. La carga está mal puesta, algo está mal, tiende a resbalarse de los hombros. Cincuenta pasos. Sesenta. La puerta del almacén; nos queda el doble de camino y lo soltaremos. Basta, es imposible seguir, la carga me gravita ya completamente sobre el brazo; no puedo soportar más tiempo el dolor ni el cansancio, grito, intento darme vuelta: apenas con tiempo para ver a Null Achtzehn tropezar y dejar caer todo.

Si hubiese tenido mi agilidad de antes habría podido dar un salto hacia atrás, pero heme aquí en tierra, con todos los músculos contraídos, el pie golpeado cogido con las manos, ciego de dolor. La arista de hierro me ha cortado el dorso del pie izquierdo.

Durante un minuto todo desaparece en el vértice del sufrimiento. Cuando puedo mirar a mi alrededor, Null Achtzehn está todavía allí de pie, no se ha movido, con las manos metidas en las mangas, sin decir palabra, me mira sin expresión. Llegan Mischa y el Galiziano, hablan entre ellos en yiddish, me dan no sé qué consejos. Llegan Templer y David y todos los demás: se aprovechan del suceso para suspender el trabajo. Llega el *Kapo*, distribuye patadas, puñetazos e improperios, los compañeros se desperdigan como avena al viento; Null Achtzehn se lleva una mano a la nariz y se la mira sin reaccionar hinchada de sangre. A mí me tocan sólo dos bofetadas del *Kapo*, de las que no hacen daño porque aturden.

El incidente ha terminado, constato que, bien o mal, puedo sostenerme en pie, el hueso no debe haberse roto. No me atrevo a quitarme el zapato por miedo a despertar el dolor, y también porque sé que el pie se va a hinchar y no podré volver a ponérmelo.

El *Kapo* me manda sustituir al Galiziano en el montón y éste, mirándome torvamente, va a su puesto al lado de Null Achtzehn; pero ahora ya están pasando los prisioneros ingleses, ya pronto será hora de volver al campo.

Durante la marcha hago todo lo que puedo por andar de prisa, pero no puedo sostener el paso; el *Kapo* designa a Null Achtzehn y a Finder para que me sostengan hasta que pasemos ante los SS y, por fin (por fortuna esta noche no se pasa lista), estoy en el barracón y puedo arrojarme sobre la litera y respirar.

Puede que sea el calor, puede que el cansancio de la marcha, pero el dolor ha vuelto, junto con una extraña sensación de humedad en el pie herido. Me quito el zapato: está lleno de sangre, ahora restañada y mezclada con el fango y con los hilos del trozo de tela que encontré hace un mes y que uso como plantilla, un día en el izquierdo y otro en el derecho.

Esta noche, inmediatamente después de la sopa, iré al *Ka-Be*.

Ka-Be es la abreviatura de *Krankenbau*, la enfermería. Son ocho barracones, en todo semejantes a los demás del campo, pero separados por una alambrada. Permanentemente hay en ellos una décima parte de la población del campo, pero son pocos los que están allí más de dos semanas y nadie más de dos meses: dentro de estos límites tenemos que morirnos o curarnos. Quien tiende a curarse, en *Ka-Be* se cura; quien tiende a agravarse, de *Ka-Be* lo mandan a la cámara de gas.

Y eso porque, por fortuna, nosotros entramos en la categoría de los «judíos económicamente útiles».

En el *Ka-Be* no había estado nunca, y tampoco en el Ambulatorio, y todo aquí es nuevo para mí.

Hay dos Ambulatorios, el Médico y el Quirúrgico. Ante la puerta, en medio del viento y de la noche, hay dos largas filas de sombras. Hay quien sólo necesita un vendaje o algunas pastillas, los demás necesitan un reconocimiento; algunos llevan la muerte en la cara. Los primeros de las dos filas están ya descalzos y dispuestos a entrar; los demás, a medida que se aproxima su turno se las arreglan para, en medio de aquella multitud, soltarse las ataduras provisionales y los hilos de alambre de los zapatos y para desenrollar, sin romperlos, los preciosos trapos que les protegen los pies; no demasiado pronto, para no quedarse sin necesidad descalzos en el fango; no demasiado tarde para no perder su turno: porque entrar en el *Ka-Be* con los zapatos puestos está estrictamente prohibido. Quien hace cumplir la prohibición es un gigantesco *Häftling* francés que vive en la garita que hay entre los dos ambulatorios. Es uno de los pocos funcionarios franceses del campo: y no creáis que pasar la jornada entre los zapatos desgarrados y llenos de barro es un privilegio pequeño. No hay más que pensar en todos los que entran en *Ka-Be* con zapatos y ya no los necesitan para salir...

Cuando me llega mi turno, logro soltarme milagrosamente los zapatos y los trapos sin perder ni unos ni otros, sin dejarme robar la escudilla ni los guantes y teniendo el gorro bien apretado entre las manos porque por ningún motivo puede llevarse puesto al entrar en los barracones.

Dejo los zapatos en el depósito y me dan el recibo, después de lo cual, descalzo y cojeando, las manos ocupadas con todas mis pobres posesiones que no puedo dejar en ninguna parte, me admiten dentro y me pongo a hacer otra cola que llega hasta la sala de visitas.

En esta cola uno se va desnudando progresivamente y, cuando se llega al frente ya hay que estar desnudo porque un enfermero le mete el termómetro a uno debajo del sobaco; si alguien está vestido pierde su turno y tiene que ponerse de nuevo en la cola. Todos tienen que ponerse el termómetro, aunque lo que tengan sea sarna o dolor de muelas.

De esta manera se está seguro de que quien no esté realmente enfermo no va a someterse por capricho a este complicado ritual.

Por fin me llega el turno: soy admitido ante el médico, el enfermero me quita el termómetro y anuncia:

—Número 174517, no tiene fiebre.

Yo no necesito un reconocimiento a fondo: inmediatamente me declaran *Arztvormelder*, no sé lo que quiere decir pero éste no es sitio de pedir explicaciones. Me expulsan de allí, recupero los zapatos y vuelvo al barracón.

Jaim se alegra conmigo: tengo una buena herida, no es peligrosa y me garantiza un discreto período de descanso. Pasaré la noche en el barracón con los demás, pero mañana por la mañana, en lugar de ir al trabajo tengo que ir al médico para el reconocimiento definitivo: esto es lo que quiere decir *Arztvormelder*. Jaim es experto en estas cosas y piensa que probablemente mañana me ingresarán en el *Ka-Be*. Jaim es mi compañero de cama, y tengo en él una fe ciega. Es un polaco, un hebreo piadoso, estudioso de la Ley. Tiene poco más o menos mi edad, es relojero, y aquí en la Buna trabaja como mecánico de precisión; está, por ello, entre los pocos que conservan la dignidad y la seguridad en sí que nacen de ejercer un oficio para el cual se está preparado.

Ha sido así. Después de diana y del pan me han llamado con otros tres de mi barracón. Nos han llevado a una esquina de la plaza de la Lista, donde estaban, en una larga cola, todos los *Arztvormelder* de hoy; ha venido un tipo y me ha quitado la escudilla, la cuchara, el gorro y las manoplas. Los demás se han echado a reír, ¿no sabía que tenía que esconderlos o habérselos confiado a alguien, o mejor, venderlos, y que al *Ka-Be* no pueden llevarse? Después miran mi número y sacuden la cabeza: de quien tiene número tan alto puede esperarse cualquier tontería.

Luego nos han contado, nos han hecho desnudarnos afuera, al frío, nos han quitado los zapatos, nos han vuelto a contar, nos han afeitado la barba y el pelo y el vello, han vuelto a contarnos y nos han hecho ducharnos; después ha venido un SS, nos ha mirado desinteresadamente, se ha parado delante de uno que tenía un hidrocele muy abultado y lo hace ponerse a un lado. Después de lo cual han vuelto a contarnos y nos han llevado a darnos otra ducha por más que estuviésemos todavía empapados de la primera y algunos temblasen de fiebre.

Ahora estamos preparados para el reconocimiento definitivo. Del otro lado de la ventana se ve el cielo blanco, y a veces el sol; en este país se lo puede mirar de frente, a través de las nubes como a través de un vidrio ahumado. A juzgar por su posición deben de ser las catorce pasadas: adiós potaje, y estamos en pie desde las seis y desnudos desde las diez.

Este segundo reconocimiento médico es también extraordinariamente rápido: el médico (lleva el traje a rayas igual que nosotros pero con una blusa por encima blanca, y el número cosido en la blusa, y está mucho más gordo que nosotros) mira y palpa mi pie hinchado y sanguinolento, con lo que grito de dolor, y luego dice:

—*Aufgenommen Block* 23.

Me quedo con la boca abierta, en espera de cualquier otra indicación, pero alguien me empuja brutalmente hacia atrás, me arroja una capa sobre los hombros desnudos, me tiende unos zapatos y me echa al aire libre.

A un centenar de metros está el *Block* 23; encima está escrito SCHONUNGSBLOCK: ¿qué querrá decir? Dentro, me quitan la capa y las sandalias y una vez más me encuentro desnudo y el último en una cola de esqueletos desnudos: los hospitalizados de hoy.

Hace tiempo que he dejado de intentar entender. Por lo que me toca estoy tan cansado de mantenerme sobre el pie herido que todavía no me han curado, tan hambriento y muerto de frío que nada me interesa ya. Éste puede ser muy bien el último día de mi vida, y esta sala la cámara de gas de que todos hablan, ¿qué puedo hacer? Lo mejor es apoyarme en la pared, cerrar los ojos y esperar.

Mi vecino no debe de ser judío. No está circundado, y además (ésta es una de las pocas cosas que he aprendido hasta ahora) una piel tan blanca, una cara y un cuerpo tan macizos son característicos de los polacos no judíos. Me lleva una cabeza, pero tiene una fisonomía bastante cordial, como sólo la tienen quienes no pasan hambre.

He intentado preguntarle si sabe cuándo nos dirán que entremos. Se ha vuelto hacia el enfermero, que se le parece como un hermano gemelo y está fumando en un rincón; se han puesto a hablar y a reírse sin contestarme, como si yo no existiese: luego uno de ellos me cogió el brazo y miró el número, y se rieron más fuerte. Todos saben que los ciento setenta y cuatro mil son los judíos italianos, llegados hace dos meses, todos abogados, médicos, eran más de cien y ya no son más que cuarenta, son los que no saben trabajar y se dejan robar el pan y reciben bofetadas de la mañana a la noche, los alemanes los llaman *zwei linke Hände* (dos manos izquierdas), y hasta los judíos polacos los desprecian porque no saben hablar yiddish.

El enfermero señala al otro mis costillas, como si fuese un cadáver en una sala anatómica; le indica mis párpados y mejillas hinchadas y mi cuello delgado, se curva y me aprieta con el índice sobre la tibia y hace observar al otro la profunda depresión que me deja el dedo en la carne, pálida como la cera.

Quisiera no haberle dicho nunca nada al polaco: me parece que nunca, en toda mi vida, he sufrido una afrenta más atroz que ésta. El enfermero, mientras tanto, parece que ha terminado su demostración en su lengua, que no entiendo y que me suena terrible; se vuelve a mí y, en un cuasialemán, caritativamente, me hace un resumen:

—*Du Jude kapput. Du schnell Krematorium fertig* (tú, judío, ya estás listo, en seguida al crematorio).

Han pasado unas cuantas horas antes de que todos los ingresados fuésemos agarrados con violencia, recibiésemos la camisa y se recogiese nuestra ficha. Como de costumbre, yo he sido el último; un tipo de traje a rayas nuevo y flamante me pregunta dónde he nacido, qué oficio tenía «de paisano», si tenía hijos, qué enfermedades he tenido, un montón de preguntas que para qué pueden servir, es una puesta en escena complicada para reírse de nosotros. ¿Será así el hospital? Nos tienen de pie y nos hacen preguntas.

Por fin se ha abierto la puerta también para mí y he podido entrar en el dormitorio.

Aquí, igual que en todas partes, las literas de tres pisos, en tres filas a lo largo de todo el barracón, separadas por dos pasillos estrechísimos. Las literas son ciento cincuenta, los enfermos unos doscientos cincuenta: por consiguiente, dos en casi todas las literas. Los enfermos de las literas superiores, aplastados contra el techo, no pueden apenas sentarse; se asoman curiosos a ver a los que llegamos hoy, es el momento más interesante de la jornada, siempre se encuentra a algún conocido. A mí me asignan a la litera 10; ¡milagro: está vacía! Me estiro con delicia, es la primera vez, desde que estoy en el campo, que tengo una litera para mí solo. A pesar del hambre me quedo dormido antes de diez minutos.

La vida del *Ka-Be* es de limbo. Las incomodidades materiales son relativamente pocas aparte del hambre y de los dolores propios de la enfermedad. No hace frío, no se trabaja y, de no cometer alguna falta grave, no pegan.

El toque de diana es a las cuatro, también para los enfermos; hay que hacer la cama y lavarse pero no hay mucha prisa ni mucho rigor. A las cinco y media reparten el pan, y se lo puede cortar cómodamente en rebanadas finas, y comerlo echado con toda calma; luego, uno se puede volver a dormir hasta que llegue el reparto del caldo de mediodía. Hasta las cuatro de la tarde es *Mittagsruhe*, el reposo del mediodía, la siesta, a esta hora es generalmente la visita del médico y las curas, hay que bajarse de las literas, quitarse la camisa y ponerse en fila delante del médico. También el rancho vespertino se distribuye por las camas; después de lo cual, a las nueve, se apagan todas las luces menos la lamparilla velada del vigilante nocturno, y se hace el silencio.

... Y por primera vez desde que estoy en el campo el toque de diana me coge en un sueño profundo, y el despertar es un retorno de la nada. Cuando llega la distribución del pan, se oye lejana, más allá de las ventanas, en el aire oscuro, la banda que empieza a tocar: son nuestros compañeros sanos que salen al trabajo en formación.

Desde el *Ka-Be* no se oye bien la música: llega asiduo y monótono el martilleo del bombo y de los platillos, pero sobre su trama las frases musicales se dibujan tan sólo a intervalos, a capricho del viento. Nosotros nos miramos unos a otros desde las camas, porque todos sentimos que esta música es infernal.

Los motivos son pocos, una docena, cada día los mismos, mañana y tarde: marchas y canciones populares que les gustan a todos los alemanes. Están grabadas en nuestras mentes, serán lo último del Lager que olvidemos: son la voz del Lager, la expresión sensible de su locura geométrica, de la decisión ajena de anularnos primero como hombres para después matarnos lentamente.

Cuando suena esta música sabemos que nuestros compañeros, afuera en la niebla, salen en formación, como autómatas; tienen las almas muertas y la música los empuja, como el viento a las hojas secas, y es un sustituto de su voluntad. La voluntad ya no existe: cada latido se convierte en un paso, en una contracción refleja de los músculos deshechos. Los alemanes lo han conseguido. Son diez mil y son sólo una máquina gris: están determinados exactamente; no piensan y no quieren, andan.

Al desfile de salida y de entrada los SS no faltan nunca. ¿Qué podría negarles el derecho de asistir a esta coreografía montada por ellos mismos, a la danza de los hombres extintos, escuadra tras escuadra, en camino desde la niebla hacia la niebla? ¿Qué mejor prueba de su victoria?

También los del *Ka-Be* conocen este ir y volver del trabajo, la hipnosis del ritmo interminable que mata el pensamiento y calma el dolor; lo han experimentado y volverán a experimentarlo. Pero es preciso salir del encantamiento, oír la música fuera como ocurría en el *Ka-Be* o como la recordamos ahora, luego de la liberación y el renacimiento, sin obedecerla, sin sufrirla, para comprender lo que era; para comprender por qué calculada razón los alemanes habían creado este mito monstruoso y por qué, todavía hoy, cuando la memoria nos restituye alguna de aquellas inocentes canciones, se nos hiela la sangre en las venas y nos damos cuenta de que haber vuelto de Auschwitz no ha sido suerte pequeña.

Tengo dos vecinos de litera. Yacen todo el día y toda la noche flanco contra flanco, piel contra piel, cruzados como los peces del zodíaco, de manera que los pies de cada uno están a la altura de la cabeza del otro.

Uno es Walter Bonn, un holandés educado y bastante culto. Ve que no tengo nada para cortar el pan, me presta su cuchillo, después me ofrece vendérmelo por media ración de pan. Yo le discuto el precio y luego renuncio, pienso que aquí en *Ka-Be* siempre encontraré a alguien que me preste uno, y afuera cuestan sólo un tercio de ración. No por ello Walter es menos cortés y, a mediodía, comido su potaje, limpia con los labios la cuchara (lo que es una buena costumbre antes de prestarla, para limpiarla y para no desperdiciar las manchas de potaje que se le pegan) y me la ofrece espontáneamente.

—¿Qué enfermedad tienes, Walter?

—*Körperschawäche* (consunción orgánica).

Es la peor enfermedad: no puede curarse, y es muy peligroso entrar en *Ka-Be* con este diagnóstico. Si no hubiera sido por el edema en los tobillos (y me lo enseña) que no le deja ir a trabajar se hubiera guardado mucho de venir a la consulta.

Sobre este tipo de peligros yo tengo todavía unas ideas bastante confusas. Todo el mundo habla de ello indirectamente, con alusiones, y cuando hago ciertas preguntas me miran y callan.

¿Es verdad, entonces, lo que he oído decir de la selección, del gas, del crematorio?

Crematorio. El otro, el vecino de Walter se despierta sobresaltado, se endereza: ¿quién está hablando del crematorio? ¿Qué es lo que pasa? ¿No se puede dejar tranquilos a los que están durmiendo? Es un judío polaco, albino, de cara descarnada y bonachona, ya mayor. Se llama Schmulek, es herrero. Walter lo mira un momento.

¿Así es que *der Italyener* no cree en las selecciones? Schmulek querría hablar alemán pero habla yiddish; lo entiendo difícilmente, y sólo porque quiere hacerse entender. Hace callar a Walter con un signo, él me convencerá:

—Enséñame tu número: tú eres el 174517. Esta numeración ha empezado hace dieciocho meses y sirve para Auschwitz y para los campos que dependen de él. Ahora somos diez mil en Buna-Monowitz; puede que treinta mil entre Auschwitz y Birkenau. *Wo sind die Andere?* (¿dónde están los demás?).

—¿Los habrán transferido a otros campos?... —le propongo.

Schmulek menea la cabeza, se vuelve a Walter:

—*Er will nix verstayen* (no quiere entender).

Pero sería el destino quien me habría de hacer entender en seguida, y a costa del propio Schmulek. Por la noche se abrió la puerta del barracón, una voz gritó:

—*Achtung* —y se calló cualquier rumor y se sintió un silencio de plomo.

Entraron dos SS (uno de los dos con muchos galones, ¿puede que sea un oficial?), resonaban en el barracón sus pasos como si estuviese vacío; hablaron con el médico en jefe, que les enseñó un registro, señalando acá y allá. El oficial tomó nota en una libreta. Schmulek me dio en una rodilla:

—*Pass'auf, pass'auf* (fíjate bien).

El oficial seguido por el médico, da vueltas, en silencio y con despreocupación, entre las literas; lleva en la mano una fusta, levanta con ella un pico de manta que cuelga de una litera alta, el enfermo se precipita a remeterla. El oficial pasa más adelante.

Hay uno de cara amarilla; el oficial le arranca la manta, él se estremece, el oficial le palpa el vientre:

—*Gut, gut* —luego pasa más adelante.

Le ha echado la vista encima a Schmulek; saca la libreta, compara el número de la libreta con el número del tatuaje. Yo sigo todo, desde arriba: hace una cruz junto al número de Schmulek. Luego sigue más adelante.

Yo miro ahora a Schmulek, y detrás de él veo los ojos de Walter, y no hago ninguna pregunta.

Al día siguiente, en lugar del grupo acostumbrado de curados, han salido dos grupos distintos. A los primeros los han afeitado y rapado y se han duchado. Los segundos han salido como estaban, con la barba larga, sin que se les haya renovado la medicación, sin haberse duchado. Nadie ha despedido a estos últimos, nadie les ha dado recados para los compañeros sanos.

Entre los últimos estaba Schmulek.

De esta manera discreta y ordenada, sin aparato y sin cólera, por el barracón del *Ka-Be* se pasea todos los días la catástrofe, y le toca a éste o a aquél. Al irse Schmulek me dejó la cuchara y el cuchillo, Walter y yo hemos evitado mirarnos y nos hemos quedado en silencio durante mucho tiempo. Luego, Walter me pregunta que cómo puedo conservar tanto tiempo mi ración de pan, y me explica que él de costumbre corta la suya a lo largo para tener rajas más anchas sobre las que extender la margarina con más facilidad.

Walter me explica muchas cosas: *Schonungsblock* quiere decir barracón de reposo, aquí sólo hay enfermos leves, o convalecientes, o los que no necesitan curas. Entre éstos, por lo menos una cincuentena de disentéricos más o menos graves.

A éstos los reconocen cada tres días. Se ponen en fila en el pasillo, a un extremo hay dos orinales de latón y el enfermero con un registro, un reloj y un lapicero. De dos en dos los enfermos se adelantan y tienen que probar, en el acto y rápidamente, que su diarrea continúa; para ello se les concede un minuto después del cual enseñan al enfermero el resultado, y éste lo observa y lo juzga; lavan rápidamente los orinales en una tina que está al lado y vienen los dos siguientes.

Entre los que esperan algunos se retuercen en los espasmos por conservar el precioso testimonio durante todavía veinte, todavía diez minutos más; otros, privados de recursos en aquel momento, tensan las venas y los músculos en el esfuerzo contrario. El enfermero asiste impasible, mordisqueando el lapicero, echando una mirada al reloj, otra mirada a las muestras que le presentan una detrás de otra. En los casos dudosos se va con el orinal para consultar al médico.

...He tenido una visita: Piero Sonnino, el romano.

—¿Has visto cómo me las he arreglado?

Piero tiene una enteritis bastante ligera, está aquí hace veinte días y se siente bien, descansa y engorda, se ríe de las selecciones y está decidido a estar en el *Ka-Be* hasta que termine el invierno, pase lo que pase. Su método consiste en hacer cola detrás de cualquiera de los disentéricos verdaderos que le ofrezca garantía de éxito; cuando le toca a él el turno le pide su colaboración (que le pagará con sopa o pan) y si éste está de acuerdo y el enfermero se distrae un momento le cambia el orinal entre la multitud, y hecho. Piero sabe a lo que se expone, aunque hasta ahora le ha salido bien.

Pero la vida del *Ka-Be* no es esto. No son los instantes cruciales de las selecciones, no son los episodios grotescos de las revisiones de la diarrea y de los piojos, ni siquiera son las enfermedades.

El *Ka-Be* es el Lager sin las incomodidades materiales. Por eso, al que todavía le queda un germen de conciencia, allí la recupera; porque durante las larguísimas jornadas ya vacías se habla de otra cosa que de hambre y de trabajo, y llegamos a reflexionar en qué hemos sido convertidos, cuánto nos han quitado, qué es esta vida. En este *Ka-Be*, paréntesis de relativa paz, hemos aprendido que nuestra personalidad es frágil, que está mucho más en peligro que nuestra vida; y que los sabios antiguos, en lugar de advertirnos «acordáos de que tenéis que morir» mejor habrían hecho en recordarnos este peligro mayor que nos amenaza. Si desde el interior del campo algún mensaje hubiese podido dirigirse a los hombres libres habría sido éste: no hagáis nunca lo que nos están haciendo aquí.

Cuando se está trabajando se sufre y no queda tiempo de pensar: nuestros hogares son menos que un recuerdo. Pero aquí tenemos todo el tiempo para nosotros: de litera a litera, a pesar de la prohibición, nos visitamos, y hablamos y hablamos. El barracón de madera, cargado de humanidad doliente, está lleno de palabras, de recuerdos y de otro dolor. *Heim-*

weh se llama en alemán este dolor, es una bella palabra y quiere decir «dolor de hogar».

Sabemos de dónde venimos: los recuerdos del mundo exterior pueblan nuestros sueños y nuestra vigilia, nos damos cuenta con estupor de que no hemos olvidado nada, cada recuerdo evocado surge ante nosotros dolorosamente nítido.

Pero a dónde vamos no lo sabemos. Tal vez podamos sobrevivir a las enfermedades y escapar a las selecciones, tal vez hasta resistir el trabajo y el hambre que nos consumen: ¿y luego? Aquí, alejados momentáneamente de los insultos y de los golpes, podemos volver a entrar en nosotros mismos y meditar, y entonces se ve claro que no volveremos. Hemos viajado hasta aquí en vagones sellados; hemos visto partir hacia la nada a nuestras mujeres y a nuestros hijos; convertidos en esclavos hemos desfilado cien veces ida y vuelta al trabajo mudo, extinguida el alma antes de la muerte anónima. No volveremos. Nadie puede salir de aquí para llevar al mundo, junto con la señal impresa en su carne, las malas noticias de cuanto en Auschwitz ha sido el hombre capaz de hacer con el hombre.

Nuestras noches

Después de veinte días de *Ka-Be*, como la herida se me había prácticamente cicatrizado, con gran disgusto mío me mandaron fuera.

La ceremonia es sencilla, pero lleva consigo un período de readaptación doloroso y peligroso. A quien a la salida del *Ka-Be* no cuenta con ayudas especiales no lo devuelven a su *Block* y a su *Kommando* anterior sino que es asignado, según criterios que yo desconocía, a cualquier otro barracón y encargado de cualquier otro tipo de trabajo. Además, del *Ka-Be* se sale desnudo; dan vestidos y zapatos «nuevos» (quiero decir, no los que se han dejado a la entrada), con los que hay que luchar con rapidez y diligencia para adaptarlos a uno mismo, lo que supone fatigas y gastos. Hay que buscarse otra vez una cuchara y un cuchillo; y sobre todo, y ésta es la circunstancia más grave, se encuentra uno como un intruso en un ambiente desconocido, entre compañeros nunca vistos y hostiles, con jefes cuyo carácter no se conoce y de quienes por consiguiente es difícil defenderse.

La facultad humana de hacerse un hueco, de segregar una corteza, de levantarse alrededor de una frágil barrera defensiva, aun en circunstancias que parecen desesperadas, es asombrosa, y merecería un estudio detenido. Se trata de un precioso trabajo de adaptación, en parte pasivo e inconsciente y en parte activo: de clavar un clavo sobre la litera para colgar los zapatos por la noche; de establecer pactos tácitos de no agresión con los vecinos; de intuir y aceptar las costumbres y las leyes de aquel determinado *Kommando* y de aquel determinado *Block*. En virtud de este trabajo, después de algunas semanas, se consigue llegar a cierto equilibrio, a cierto grado de seguridad frente a los imprevistos; uno se ha hecho un nido, el trauma del trasvase ha sido superado.

Mas el hombre que sale del *Ka-Be*, desnudo y casi siempre insuficientemente restablecido, se siente proyectado en la oscuridad y en el vacío del espacio sideral. Los pantalones se le caen, los zapatos le hacen daño, la camisa no tiene botones. Busca un contacto humano y no encuentra más que espaldas vueltas. Es inerme y vulnerable como un recién nacido, pero a la mañana siguiente tendrá que ir a trabajar.

En estas condiciones me encuentro yo cuando el enfermero, después de los distintos ritos administrativos de rigor, me confía a los cuidados del *Blockältester* del *Block* 45. Pero repentinamente un pensamiento me llena de alegría: ¡he tenido suerte, éste es el *Block* de Alberto!

Alberto es mi mejor amigo. Sólo tiene veintidós años, dos menos que yo, pero ninguno de los italianos ha demostrado una capacidad de adaptación semejante a la suya. Alberto entró en el Lager con la cabeza alta, y vive en el Lager ileso e incorrupto. Ha entendido antes que nada que esta vida es una guerra; no se ha concedido ninguna indulgencia, no ha perdido el tiempo en recriminaciones o quejas de sí mismo ni de los demás, sino que desde el primer día ha bajado al campo de batalla. Lo sostienen su inteligencia y su instinto: razona con justeza, con frecuencia no razona y también está en lo justo. Entiende todo al vuelo: sólo sabe un poco de francés, y entiende todo lo que dicen los alemanes y los polacos. Contesta en italiano y con gestos, se hace entender y en seguida resulta simpático. Lucha por su vida y sin embargo es amigo de todos. «Sabe» a quién necesita corromper, a quién necesita evitar, de quién se puede compadecer y a quién debe resistir.

Y sin embargo (y por esta casualidad suya todavía hoy su recuerdo es para mí querido y cercano) no se ha convertido en una persona triste. Siempre vi, y todavía veo en él, la rara figura del hombre fuerte y apacible contra quien se rompen las armas de la noche.

Pero no he conseguido compartir la litera con él, y ni siquiera Alberto lo ha conseguido, aunque en el *Block* 45 goce ya de cierta popularidad. Es una lástima, porque tener un compañero de cama de quien fiarse, o al menos con quien uno pueda entenderse, es una ventaja inestimable; y además, estamos en invierno y las noches son largas, y puesto que estamos obligados a intercambiar nuestro sudor, nuestro olor y nuestro calor con alguien, bajo la misma manta y en setenta centímetros de anchura, es muy deseable que se trate de un amigo.

En invierno, las noches son largas, y se nos concede para el sueño un intervalo de tiempo considerable.

Poco a poco se apaga el barullo del *Block*; hace más de una hora que se ha terminado el reparto del rancho vespertino, y sólo algún obstinado continúa raspando el fondo ya brillante de la escudilla, dándole vueltas minuciosamente bajo la lámpara, con el entrecejo fruncido por la atención. El ingeniero Kardos da vueltas por las literas curando los pies heridos y los callos supurantes, éste es su negocio; no hay quien no renuncie de buena gana a una rebanada de pan para que le alivien el tormento de las enconadas heridas que sangran a cada paso durante todo el día, y de esta manera, honradamente, el ingeniero Kardos ha resuelto el problema de su subsistencia.

Por la portezuela de atrás, a escondidas y mirando alrededor con cautela, ha entrado el coplero. Se sienta en la litera de Wachsmann y en seguida reúne en torno una pequeña multitud atenta y silenciosa. Canta una interminable rapsodia en yiddish, siempre la misma, en cuartetas rimadas, de una melancolía resignada y penetrante (¿o tal vez es así como la recuerdo porque la oí entonces y en aquel sitio?); por las pocas palabras que entiendo, debe de ser una canción que ha compuesto él mismo en la que ha encerrado toda la vida del Lager con sus particularidades más pequeñas. Algunos se sienten generosos y remuneran al coplero con un pellizco de tabaco o una hebra de hilo; otros lo escuchan absortos, pero no le dan nada.

Suena de nuevo inesperadamente la llamada para la última función de la jornada: *Wer hat kaputt die Schuhe?*, (¿quién tiene rotos los zapatos?), y se desencadena súbitamente el fragor de los cuarenta o cincuenta pretendientes al cambio, que se precipitan hacia el *Tagesraum* con furia desesperada, sabiendo que, en la mejor de las hipótesis, sólo los diez primeros podrán ser satisfechos.

Después viene la calma. La luz se apaga una primera vez, durante pocos segundos, para avisar a los sastres que deben guardar sus preciosísimos aguja e hilo; luego suena lejana la campana, y entonces llega la guardia de noche y todas las luces se apagan definitivamente. No nos queda más que desnudarnos y acostarnos.

No sé quién es mi vecino.

Ni siquiera estoy seguro de que sea siempre el mismo porque no le he visto la cara más que unos segundos en el tumulto de la diana, de manera que mucho mejor que la cara le conozco la espalda y los pies. No trabaja en mi *Kommando* y viene a la litera sólo en el momento del toque de silencio; se envuelve en la manta, me echa a un lado con un golpe de las caderas huesudas, me vuelve la espalda y en seguida se pone a roncar. Con mi espalda contra la suya, me esfuerzo por conquistar una superficie razonable de jergón; ejerzo con los riñones una presión progresiva contra los suyos, luego me doy vuelta y pruebo a empujarle con las rodillas, lo cojo por los tobillos y trato de colocarlo un poco más allá de manera que no tenga sus pies pegados a la cara: pero es inútil, es mucho más pesado que yo y parece petrificado por el sueño.

Entonces me adapto a estar así, obligado a la inmovilidad, medio echado sobre el travesaño de madera. Estoy tan cansado y atontado que no tardo en dormirme yo también, y me parece que estoy durmiendo sobre los raíles del tren.

El tren va a llegar: se oye el jadeo de la locomotora, que es mi vecino. Todavía no estoy tan dormido como para no darme cuenta de la doble naturaleza de la locomotora. Se trata precisamente de esa locomotora que remolcaba hoy hasta la Buna los vagones que hemos tenido que descargar: la reconozco también ahora, como cuando ha pasado junto a nosotros, se siente el calor que irradia su flanco negro. Sopla, está cada vez más cerca, y siempre a punto de echárseme encima, y sin embargo nunca llega. Mi sueño es muy ligero, es un velo, si quiero, lo rasgo. Voy a hacerlo, quiero rasgarlo, así podré quitarme de la vía. ¡Ya está!, como quería, estoy despierto: pero no realmente despierto, sólo un poco más, en la grada superior de la escala entre el subconsciente y la conciencia. Tengo los ojos cerrados, y no quiero abrirlos para no dejar irse al sueño, pero puedo percibir los ruidos: ese silbido lejano estoy seguro de que es real, no viene de la locomotora soñada, ha sonado objetivamente: es el silbido de la Decauville, viene de la cantera donde se trabaja también de noche. Una larga nota firme, después otra un semitono más baja, luego otra vez la primera, pero corta y truncada. Este silbido es algo importante: lo hemos oído tantas veces, lo hemos asociado tantas con el sufrimiento del trabajo y del campo, que se ha convertido en su símbolo y evoca directamente sus imágenes, como ocurre con algunas músicas y algunos olores.

Aquí está mi hermana, y algún amigo mío indeterminado, y mucha más gente. Todos están escuchándome y yo les estoy contando precisamente esto: el silbido de las tres de la madrugada, la cama dura, mi vecino, a quien querría empujar, pero a quien tengo miedo de despertar porque es más fuerte que yo. Les hablo también prolijamente de nuestra hambre, y de la revisión de los piojos, y del *Kapo* que me ha dado un golpe en la nariz y luego me ha mandado a lavarme porque sangraba. Es un placer intenso, físico, inexpresable, el de estar en mi casa, entre personas amigas, tener tantas cosas que contar:

pero no puedo dejar de darme cuenta de que mis oyentes no me siguen. O más bien, se muestran completamente indiferentes: hablan confusamente entre sí de otras cosas, como si yo no estuviese allí. Mi hermana me mira. Se pone de pie y se va sin decir palabra.

Entonces nace en mí un dolor desolado, como ciertos dolores que apenas se recuerdan de los primeros años de la infancia: es el dolor en su estado puro, sin templar por el sentimiento de la realidad ni por la intrusión de circunstancias extrañas, semejantes, a aquellos por los que los niños lloran; y es mejor que vuelva a salir a la superficie, pero esta vez abro los ojos deliberadamente, para tener frente a mí la garantía de estar efectivamente despierto.

Tengo el sueño delante, caliente todavía, y yo, aunque despierto, estoy todavía lleno de su angustia: y entonces me doy cuenta de que no es un sueño cualquiera, sino de que desde que estoy aquí lo he soñado no una vez, sino muchas, con pocas variantes de ambiente y de detalle. Ahora estoy enteramente lúcido, y me acuerdo de que ya se lo he contado a Alberto y de que él me ha confiado, para mi asombro, que también lo sueña él, y que es el sueño de otros muchos, tal vez de todos. ¿Por qué pasa esto? ¿Por qué el dolor de cada día se traduce en nuestros sueños tan constantemente en la escena repetida de la narración que se hace y nadie escucha?

... Mientras medito así, intento aprovechar el intervalo de vigilia para sacudirme los jirones de angustia del sopor precedente, para no comprometer la cualidad del sueño venidero. Me siento encogido en la oscuridad, miro alrededor y aguzo el oído.

Se oye respirar y roncar a los que duermen, a alguno que gime y habla. Muchos chasquean los labios y baten las mandíbulas. Sueñan que están comiendo: éste es también un sueño colectivo. Es un sueño despiadado, quien inventó el mito de Tántalo debía de conocerlo. No sólo se ven los alimentos, sino que se sienten en la mano distintos y concretos, se percibe su olor rico y violento; hay quien se los lleva a los labios, pero alguna circunstancia, diferente cada vez, hace que el acto no llegue a cumplirse. Entonces desaparece el sueño y se rompen sus elementos, pero luego se rehace, y empieza otra vez igual y cambiado: y esto sin tregua, para todos nosotros, durante todas las noches y durante todo lo que dura el sueño.

Deben ser ya más de las once porque es intenso el ir y venir al cubo que está junto al guardia nocturno. Es un tormento obsceno y una vergüenza indeleble: cada dos, cada tres horas, tenemos que levantarnos para verter la gran dosis de agua que de día estamos obligados a absorber en forma de potaje que nos calma el hambre: es la misma agua que por la noche nos hincha los tobillos y las orejas e imprime a todas las fisonomías una semejanza deforme, y cuya eliminación impone a los riñones un trabajo enervante.

No se trata sólo de la procesión al cubo; es ley que el último que usa el cubo tenga que vaciarlo en la letrina; y también es ley que por la noche no se salga del barracón más que en traje nocturno (camisa y calzoncillos) y dando el número al guardia. Se sigue de ello, previsiblemente, que el guardia nocturno trate de exonerar de tal servicio a sus amigos, a sus compatriotas y a los importantes; añádase además que los veteranos del campo tienen los sentidos afinados de tal manera que sin levantarse de las literas están milagrosamente capacitados para distinguir, sólo por el sonido de las paredes del cubo, si el nivel está o no en el límite peligroso, por lo cual casi siempre consiguen evitar el tener que vaciarlo. Por lo tanto, los candidatos al servicio del cubo son, en cada barracón, un número muy limitado, mientras el total de los litros que hay que eliminar es por lo menos de doscientos y por consiguiente el cubo debe ser vaciado unas veinte veces.

En resumen, es muy grande el riesgo que nos acecha a nosotros, los inexpertos y no privilegiados, cada noche, cuando la necesidad nos empuja al cubo. Inesperadamente, el guardia nocturno salta de su rincón y nos espía, garabatea nuestro número, nos da un par de zuecos de madera y el cubo, y nos arroja afuera en medio de la nieve, temblando y dormidos. Nos toca arrastrarnos hasta la letrina con el cubo que da golpes contra las pantorrillas desnudas, desagradablemente caliente; está lleno mucho más allá de cualquier límite razonable y es inevitable que, con las sacudidas, algo se derrame sobre los pies, de manera que por muy repugnante que sea esta función siempre es preferible tener que ir nosotros mismos a que tenga que ir nuestro compañero de litera.

Así se arrastran nuestras noches. El sueño de Tántalo y el sueño del relato se insertan en un tejido de imágenes menos claras: el sufrimiento del día, compuesto de hambre, golpes, frío, cansancio, miedo y promiscuidad, reaparece por las noches en pesadillas informes de una violencia inaudita como en la vida libre se tienen sólo en las noches de fiebre. Se despierta uno a cada instante, helado de terror, con todos los miembros sobresaltados, bajo la impresión de una orden gritada por una voz llena de cólera, en una lengua que no se entiende. La procesión del cubo y los tropezones de los talones desnudos en la madera del suelo se transforman en otra procesión simbólica: somos nosotros, grises e idénticos, pequeños como hormigas y grandes hasta las estrellas, apretados el uno contra el otro, innumerables, ocupando toda la llanura hasta el horizonte; a veces nos fundimos en una sustancia única, una masa angustiosa en la que nos sentimos apresados y sofocados; a veces, en un desfile hacia el cubo, sin principio y sin fin, con un vértigo cegador y una marea de náuseas que nos sube del estómago a la garganta; a no ser que el hambre, o el frío, o la vejiga llena nos conduzcan los sueños por los caminos acostumbrados. Tratamos en vano, cuando la misma pesadilla o el malestar nos despiertan, de desenredar sus componentes y de apartarlos por separado del campo de nuestra atención para poder proteger al sueño de su intrusión: no acabamos de cerrar los ojos cuando sentimos de nuevo que el cerebro se nos pone en movimiento fuera del alcance de nuestra voluntad; da golpes y zumbidos, incapaz de descanso fabrica fantasmas y signos terribles, y sin pausa los dibuja y los agita en la niebla gris sobre la pantalla de nuestros sueños.

Pero durante toda la noche, a través de las alternativas del sueño, de la vigilia y de la pesadilla, acecha la espera y el terror del momento del despertar: mediante la misteriosa facultad que muchos conocen podemos, aun sin relojes, prever su estallido con gran aproximación. A la hora de diana, que varía de una estación a otra, pero que siempre cae mucho antes del alba, suena largamente la sirena del campo, y entonces en todos los barracones el guardia de noche recoge: enciende las luces, se levanta, se estira y pronuncia la condena de cada día: *Aufstehen*, o con más frecuencia, en polaco: *Wstawa'c*.

Son poquísimos los que esperan durmiendo el *Wstawa'c*: es un momento de dolor demasiado agudo para que el sueño más duro no se rompa al sentirlo acercarse. El guardia nocturno lo sabe y por eso es por lo que no lo pronuncia con tono de orden, sino con una voz llana y baja, como quien sabe que el anuncio va a encontrar atentos todos los oídos y va a ser escuchado y obedecido.

La palabra extranjera cae como una piedra en el fondo de todos los ánimos. «A levantarse»: la ilusoria barrera de las mantas cálidas, la frágil coraza del sueño, la evasión nocturna, aun tormentosa, caen hechas pedazos en torno y nos encontramos despiertos sin remisión, expuestos a las ofensas, atrozmente desnudos y vulnerables. Empieza un día como todos los días, de tal manera largo que no se puede razonablemente concebir su fin, tanto frío, tanta hambre, tanto cansancio nos separan de él: por lo cual, lo mejor es concentrar la atención y el deseo en el trozo de pan gris, que es pequeño, pero que dentro de una hora será nuestro y durante cinco minutos, hasta que lo hayamos devorado, constituirá todo cuanto la ley de este sitio nos consiente poseer.

Al *Wstawa'c* se vuelve a poner en movimiento el remolino. Todo el barracón entra sin transición en una actividad frenética: todos trepan arriba y abajo, hacen la litera y a la vez tratan de vestirse, de manera que ninguna de sus pertenencias quede sin custodia; la atmósfera se llena del polvo fino hasta hacerse opaca; los más rápidos se abren paso a codazos entre la multitud para ir a los lavabos y a la letrina antes de que haya cola. Inmediatamente entran en escena los barrenderos y nos echan afuera a todos a golpes y a gritos.

Cuando he hecho la cama y me he vestido, bajo al suelo y me pongo los zapatos. Entonces se me vuelven a abrir las heridas de los pies y empieza una nueva jornada.

El trabajo

Antes de Resnyk, dormía conmigo un polaco cuyo nombre nadie sabía; era tranquilo y silencioso, tenía dos viejas heridas en las tibias y por las noches emanaba un fino olor a enfermo; tenía también delicada la vejiga y por eso se despertaba y me despertaba ocho o diez veces cada noche.

Una tarde me dio los guantes para que se los guardase y se fue al hospital. Durante media hora tuve la esperanza de que el furrier hubiese olvidado de que me había quedado como único ocupante de mi litera pero, ya después del toque de silencio, la litera tembló y un tipo alto y pelirrojo, con la numeración de los franceses de Drancy se subió a mi lado.

Tener un compañero de cama alto de estatura es una desgracia, significa perder horas de sueño; y precisamente a mí me tocan siempre compañeros altos porque yo soy bajo y dos altos juntos no pueden dormir. Pero a pesar de ello vi en seguida que Resnyk no era un mal compañero. Hablaba poco y cortésmente, era limpio, no roncaba, no se levantaba más que dos o tres veces cada noche y siempre con mucha delicadeza. Por la mañana, se ofreció a hacer él la cama (ésta es una operación complicada y penosa, y además de notable responsabilidad porque los que hacen mal la cama, los *schlechte Bettenbauer*, son castigados rigurosamente), y lo hizo de prisa y bien; de manera que experimenté cierto placer fugaz al ver más tarde, al pasar lista, que lo habían agregado a mi *Kommando*.

Durante la marcha hacia el tajo resbalándonos con los gruesos zuecos sobre la nieve helada, cambiamos algunas palabras, y supe que Resnyk es polaco; ha vivido en París veinte años, pero habla un francés increíble. Tiene treinta años pero, como a todos nosotros, se le podrían calcular entre diecisiete y cincuenta. Me contó su historia, que he olvidado hoy, pero era una historia dolorosa, cruel y conmovedora; porque así son todas nuestras historias, cientos de miles de historias, todas distintas y todas llenas de una trágica y desconcertante fatalidad. Nos las contamos por las noches, y han sucedido en Noruega, en Italia, en Argelia, en Ucrania, y son sencillas e incomprensibles como las historias de la Biblia. ¿Pero acaso no son también historias de una nueva Biblia?

Al llegar al tajo, nos llevaron a la *Eisenröhreplatz*, que es la explanada donde se descargan los tubos de hierro, y empezaron a suceder las cosas acostumbradas de todos los días. El *Kapo* volvió a pasar lista, apuntó al nuevo y se puso de acuerdo con el *Meister* civil sobre el trabajo del día. Después, nos confió al *Vorarbeiter* y se fue a dormir a la caseta de las herramientas, cerca de la estufa; éste no es un *Kapo* molesto, porque no es judío y no tiene miedo a perder el puesto. El *Vorarbeiter* distribuyó las palancas de hierro entre nosotros y los gatos entre sus amigos; se desarrolló la pequeña lucha acostumbrada por conquistar las palancas más ligeras, y a mí me ha ido mal, la mía ha sido la torcida, que pesa unos quince kilos; sé que, aunque trabajase con ella en el vacío, media hora más tarde estaría muerto de cansancio.

Luego, nos fuimos, cada uno con su palanca, tropezando con la nieve en deshielo. A cada paso un poco de nieve y de fango se nos pegan a las suelas de madera hasta que andamos inestablemente sobre dos pesados amasijos informes de los que no podemos liberarnos; de repente, uno se despega y entonces es como si tuvieses una pierna un palmo más corta que la otra.

Hoy hay que descargar del vagón un enorme cilindro de hierro colado: creo que es un tubo de síntesis, debe de pesar varias toneladas. Para nosotros es mejor, porque es mucho menos lo que nos cansamos con las cargas grandes que con las pequeñas; en realidad el trabajo está más repartido y se nos dan herramientas adecuadas; pero estamos en peligro, no podemos distraernos, una distracción de un segundo y nos pueden aplastar.

Meister Nogalla en persona, el capataz polaco, tieso, serio y taciturno, ha vigilado la operación de descarga. Ahora el cilindro está en el suelo y *Meister* Nogalla dice: *Bohlen holen.*

Se nos oprime el corazón. Quiere decir «traed las traviesas» para construir sobre el fango blando la vía sobre la que habrá que empujar el cilindro con las palancas hasta dentro de la fábrica. Pero las traviesas están hundidas en el terreno, y pesan ochenta kilos; se sitúan en el límite de nuestras fuerzas. Los más fuertes de nosotros pueden, trabajando en pareja, llevar traviesas durante algunas horas; para mí es una tortura, la carga se me hunde en el hueso del hombro, después del primer viaje estoy sordo y casi ciego por el esfuerzo, y cometería cualquier bajeza para sustraerme al segundo.

Voy a intentar emparejarme con Resnyk, que parece un buen trabajador, y además, como es alto, tendrá que soportar la mayor parte del peso. Sé que lo normal es que Resnyk me rechace con desprecio y se empareje con otro individuo fuerte; entonces pediré permiso para ir a la letrina, y me quedaré allí lo más posible, y luego intentaré esconderme con la seguridad de que inmediatamente me encontrarán, me insultarán y me pegarán; pero cualquier cosa es mejor que este trabajo.

Pero no: Resnyk acepta, y no solamente eso, sino que levanta él solo la traviesa y me la apoya en el hombro derecho con cuidado; luego levanta el otro extremo, se lo pone sobre el hombro izquierdo y echamos a andar.

La traviesa tiene pegados nieve y barro, a cada paso me golpea la oreja y la nieve me da en el cuello. Después de una cincuentena de pasos, me siento en el límite de lo que suele llamarse la capacidad de aguante: se me doblan las rodillas, el hombro me duele como si me lo estuviesen mordiendo, no puedo aguantar el equilibrio. A cada paso siento que el fango ávido me chupa los zapatos, este fango polaco omnipresente cuyo monótono horror llena nuestras jornadas.

Me muerdo los labios profundamente: sabemos bien que el ocasionarse un pequeño dolor sirve de estimulante para poner en movimiento las últimas reservas de energía. También lo saben los *Kapos*: algunos nos golpean por pura bestialidad y violencia, pero hay otros que nos golpean cuando estamos ya bajo la carga, casi amorosamente, acompañando los golpes con palabras de exhortación y de ánimo, como hacen los carreteros con los buenos caballos.

Llegados al cilindro, descargamos la traviesa y yo me quedo rígido, con los ojos vacíos, la boca abierta y los brazos colgando, sumido en el éxtasis efímero y negativo del cese del dolor. En un crepúsculo de agotamiento, espero el empujón que me haga volver al trabajo, e intento aprovechar cada segundo de la espera para recobrar algo de energía.

Pero el empujón no llega: Resnyk me da en el codo, lo más despacio posible volvemos a las traviesas. Por allí están los otros, en parejas, todos tratando de tardar lo más posible en someterse a la carga.

Allons, petit, attrape. Esta traviesa está seca y es un poco más ligera, pero al terminar el segundo viaje me presento al *Vorarbeiter* y le pido permiso para ir a la letrina.

Tenemos la ventaja de que nuestra letrina está más bien lejos; lo que nos permite, una vez al día, una ausencia un poco más larga de lo normal, y además, como está prohibido que vayamos solos, nos acompaña Wachsmann, el más débil y torpe del *Kommando*, a quien se le ha dado el cargo de *Scheissbegleiter*, «el acompañante a las letrinas»; Wachsmann, en virtud de tal nombramiento, es responsable de cualquier hipotética (¡hipótesis ridícula!) tentativa de fuga y, más realistamente, de cualquier retraso.

Como mi petición ha sido atendida, me voy por el barro,

por la nieve gris y por entre los escombros metálicos, escoltado por el pequeño Wachsmann. No llego a entenderme con él, porque no hablamos ninguna lengua en común; pero sus compañeros me han dicho que es rabino, y hasta Melamed, sabio de la Thorá, y además, que en su tierra, en Galitzia, tenía fama de sanador y de taumaturgo. Y puedo creerlo, al pensar cómo, tan delgado y frágil y delicado, puede trabajar desde hace dos años sin ponerse enfermo y sin haberse muerto, sino por el contrario animado de una asombrosa vitalidad en la mirada y en las palabras cuando por las noches pasa largas horas hablando de cuestiones talmúdicas, incomprensiblemente, en yiddish y en hebreo con Mendi, que es rabino modernista.

La letrina es un oasis de paz. Es una letrina improvisada, que los alemanes no han provisto todavía de los acostumbrados paneles de madera que separan los distintos compartimentos: *Nur für Engländen*, *Nur für Polen*, *Nur für Ukrainische Frauen* y así sucesivamente y, un poco aparte, *Nur für Häftlinge*. En el interior, hombro contra hombro, están sentados cuatro *Häftlinge* famélicos; un viejo barbudo, obrero ruso, con el haz azul de OST en el brazo izquierdo; un muchacho polaco, con una gran P blanca en la espalda y el pecho; un preso militar inglés, con la cara espléndidamente afeitada y rosada, el uniforme caqui nítido, planchado y limpio, aparte de la gruesa marca de KG (*Kriegsgefangener*) en la espalda. Un quinto *Häftling* está en la puerta, y a todo civil que entra desabrochándose el cinturón le pregunta paciente y monótono: *Êtes-vous Français?*.

Cuando vuelvo al trabajo, se ven pasar las camionetas del rancho, lo que quiere decir que son las diez, y ésta es ya una hora decente, de manera que el descanso de mediodía se perfila ya en la niebla del futuro remoto y podemos empezar a sacar energía de la espera.

Hago todavía dos o tres viajes con Resnyk, tratando con todo cuidado, y hasta yéndonos a los montones alejados, de encontrar traviesas más ligeras, pero ya todas las mejores han sido transportadas y no quedan más que las otras, atroces, de aristas cortantes, cargadas de barro y hielo, con las láminas metálicas para sujetar los raíles clavadas ya.

Cuando viene Franz a llamar a Wachsmann para que vaya con él a recoger el rancho, quiere decir que son las once y que la mañana casi está pasada, y nadie piensa en la tarde. Después es la vuelta de la cuadrilla, a las once y media, y el interrogatorio de rigor, cuánto potaje hoy, y de qué clase, y si te ha tocado de arriba o del fondo del perol; yo me esfuerzo por no hacer esas preguntas, pero no puedo dejar de prestar un oído ávido a las respuestas, y la nariz al humo que el viento trae de la cocina.

Y por fin, como un meteoro celeste, sobrenatural e impersonal como una señal divina, la sirena de mediodía estalla para consolar nuestro cansancio y nuestra hambre anónima y unánime. Y de nuevo suceden las cosas acostumbradas: corremos todos al barracón y nos ponemos en fila con las escudillas tendidas, y todos tenemos una prisa animal por mojarnos las vísceras con el brebaje caliente, pero nadie quiere ser el primero, porque al primero le toca la ración más líquida. Como de costumbre, el *Kapo* nos escarnece y nos insulta por nuestra voracidad. Y mucho se guarda de remover la marmita, porque el fondo lo reserva claramente para él. Después viene la beatitud (ésta positiva y visceral) de la distensión y del calor en la barriga y en la caseta en torno a la estufa crepitante. Los fumadores, con gesto avaro y piadoso, lían un delgado cigarrillo, y todas nuestras ropas, empapadas de nieve y de fango, humean densamente al calor de la estufa, con un olor de perrera y de rebaño.

Según un tácito acuerdo, nadie habla: pasado un minuto, todos duermen, apretados codo con codo, cayéndose de repente hacia adelante y enderezándose con una sacudida de espaldas. Por detrás de los párpados apenas cerrados irrumpen violentamente los sueños, y éstos son también los de costumbre. Estar en nuestra casa, en un maravilloso baño caliente. Estar en nuestra casa sentados a la mesa. Estar en casa y contar este trabajo sin esperanza, este tener siempre hambre, este dormir de esclavos.

Luego, en el seno de los vapores de las digestiones torpes, un núcleo doloroso se condensa, y no punza, y crece hasta pasar los límites de la conciencia y nos quita la alegría del sueño. *Es wird bald ein Uhr sein*: es casi la una. Como un cáncer rápido y voraz mata nuestro sueño y nos oprime angustiosamente: tendemos el oído al viento que silba fuera y al ligero roce de la nieve contra el cristal, *es wird schnell ein Uhr sein*. Mientras todos nos agarramos al sueño para que no nos abandone, tenemos los sentidos tensos en espera de la señal que va a llegar, que está fuera de la puerta, que está aquí...

Ya está. Un golpe contra el cristal, *Meister* Nogalla ha lanzado contra el ventanuco una bola de nieve y ahora está de pie, tieso, ahí afuera, y tiene el reloj en la mano vuelto hacia nosotros. El *Kapo* se pone en pie, se estira, y dice, en voz baja como quien no duda de que será obedecido: *Alles heraus* (todos afuera).

¡Ah, poder llorar! ¡Ah, poder enfrentarse al viento como antes lo hacíamos de igual a igual, y no como aquí, como gusanos sin alma!

Estamos fuera, y cada uno vuelve a su palanca. Resnyk se encoge de hombros, se hunde el gorro hasta las orejas y levanta la cara al cielo bajo y gris del que cae la nieve inexorable:

—Si j'avey une chien, je ne le chasse pas dehors.

Un día bueno

La convicción de que la vida tiene una finalidad está grabada en todas las fibras del hombre, es una propiedad de la sustancia humana. Los hombres libres llaman de muchas maneras a tal finalidad, y sobre su naturaleza piensan y hablan mucho: pero para nosotros la cuestión es muy simple.

Aquí y hoy, nuestra finalidad es llegar a la primavera. De otras cosas, ahora, no nos preocupamos. Detrás de esta meta no hay, ahora, otra meta. Por la mañana, cuando en formación en la plaza de la Lista esperamos sin fin la hora de ir al trabajo, y cada soplo del viento se nos mete por debajo de la ropa y recorre en escalofríos violentos nuestros cuerpos indefensos, y todo alrededor está gris, y nosotros estamos grises; por la mañana, cuando todavía está oscuro, todos escrutamos el cielo hacia Oriente acechando los primeros indicios de la dulce estación, y la salida del sol es comentada todos los días: hoy un poco antes que ayer; hoy un poco más caliente que ayer; dentro de dos meses, dentro de un mes, el frío nos dará tregua y tendremos un enemigo menos.

Hoy, por primera vez, el sol ha surgido vivo y nítido fuera del horizonte de barro. Es un sol polaco, frío, blanco y lejano, y no nos calienta más que la epidermis, pero cuando se ha deshecho de las últimas brumas ha corrido un murmullo por nuestra multitud sin color, y cuando incluso yo he sentido su tibieza a través de mi ropa, he comprendido que se pueda adorar al sol.

Das Schlimmste ist vorüber, dice Ziegler, estirando al sol los hombros puntiagudos: lo peor ha pasado. Junto a nosotros hay un grupo de griegos, de esos admirables y terribles judíos salónicos, tenaces, ladrones, prudentes, feroces y solidarios, tan decididos a vivir y tan despiadados adversarios en la lucha por la vida; de esos griegos que han sobrevivido, en las cocinas y en las canteras, y que hasta los alemanes respetan y los polacos temen. Hace tres años que están en el campo, y nadie mejor que ellos sabe lo que es el campo; ahora están reunidos, apiñados en un corro, hombro contra hombro, y cantan una de sus cantilenas interminables.

Felicio, el griego, me conoce:

—*L'année prochaine à la maison!* —me grita, y añade—: ...*à la maison par la cheminée!*

Felicio ha estado en Birkenau. Y siguen cantando. Y dan golpes con los pies rítmicamente, y se embriagan de canción.

Cuando por fin hemos salido por la gran puerta del campo el sol estaba discretamente alto y el cielo sereno. A mediodía se veían las montañas; al poniente, familiar e incongruente, el campanario de Auschwitz (¡un campanario aquí!) y todo alrededor los globos cautivos de las vallas. Los humos de la Buna se estancaban en el aire frío y se veía también una fila de colinas bajas, verdes de bosques: y se nos ha encogido el corazón, porque todos sabemos que aquello es Birkenau, que allí han terminado nuestras mujeres y que pronto también nosotros terminaremos allí: pero no estamos acostumbrados a verlo.

Por primera vez nos hemos dado cuenta de que, a los dos lados de la carretera, también aquí los prados están verdes: porque, si no hay sol, un prado es como si no fuese verde.

La Buna no: la Buna es desesperada y esencialmente opaca y gris. Este desmesurado enredo de hierro, de cemento, de barro y de humo es la negación de la belleza. Sus calles y sus edificios se llaman como nosotros, con números o letras, o con nombres inhumanos y siniestros. Dentro de su recinto no crece una brizna de hierba, y la tierra está impregnada por los jugos venenosos del carbón y del petróleo, y nada más que las máquinas y los esclavos están vivos: y más aquéllas que éstos.

La Buna es grande como una ciudad; allí trabajan, además de los dirigentes y los técnicos alemanes, cuarenta mil extranjeros, y se hablan quince o veinte idiomas. Todos los extranjeros viven en distintos Lagers, que rodean la Buna como una corona: el Lager de los prisioneros de guerra inglesa, el Lager de las mujeres ucranianas, el Lager de los voluntarios franceses, y otros que no conocemos. Nuestro Lager (*Judenlager*, *Vernichtunslager*, *Kazett*) aporta, sólo él, diez mil trabajadores, que provienen de todas las naciones de Europa; y nosotros somos los esclavos de los esclavos, a quienes todos pueden mandar, y nuestro nombre es el número que llevamos tatuado en el brazo y cosido en el pecho.

La Torre del Carburo, que surge en medio de la Buna y cuyo pináculo es raramente visible entre la niebla, la hemos construido nosotros. Sus ladrillos han sido llamados *Ziegel*, *briques*, *tegula*, *cegli*, *kamenny*, *bricks*, *téglak*, y el odio los ha cimentado; el odio y la discordia, como la Torre de Babel y así la llamamos: *Babelturm*, *Bobelturm*; y odiamos en ella el demente sueño de grandeza de nuestros amos, su desprecio de Dios y de los hombres, de nosotros los hombres.

Y todavía hoy, como en aquella fábula antigua, todos nosotros sentimos, y los mismos alemanes sienten, que una maldición no trascendente y divina sino inmanente e histórica se cierne sobre la insolente trabazón, fundada en la confusión de las lenguas y erigida desafiando al cielo como una blasfemia de piedra.

Como ya diremos, de la fábrica de la Buna, por la cual se afanaron los alemanes durante cuatro años y en donde sufrimos y morimos miles de nosotros, no salió nunca un solo kilo de goma sintética.

Pero hoy los eternos charcos, sobre los que tiembla un velo irisado de petróleo, reflejan el cielo sereno. Las vigas, las calderas, los tubos todavía fríos del hielo nocturno, chorrean rocío. La tierra removida de las zanjas, los montones de carbón, los bloques de cemento, exhalan en una leve niebla la humedad del invierno.

Hoy es un buen día. Miramos alrededor, como ciegos que recobran la vista, y nos miramos unos a otros. Nunca nos habíamos visto al sol: algunos sonríen. ¡Si no fuese por el hambre!

Porque así es la naturaleza humana, las penas y los dolores que se sufren simultáneamente no se suman por entero en nuestra sensibilidad, sino que se esconden, los menores detrás de los mayores, según una ley de perspectiva muy clara. Es algo providencial y que nos permite vivir en el campo. Y también es ésta la razón por la cual con tanta frecuencia, en la vida en libertad, se oye decir que el hombre es insaciable: mientras, más que de una incapacidad humana para el estado de bienestar absoluto, se trata de un conocimiento siempre insuficiente de la naturaleza compleja del estado de desgracia, por lo cual a causas que son múltiples y ordenadas jerárquicamente se les da un solo nombre, el de la causa mayor; hasta que ésta llegue a desaparecer, y entonces uno se asombra dolorosamente al ver que detrás de una hay otra; y en realidad, muchas otras.

Por eso, aún no acaba de cesar el frío, que durante todo el invierno nos ha parecido el único enemigo, y ya nos damos cuenta de que tenemos hambre: y, repitiendo el mismo error, decimos hoy: «¡Si no fuese por el hambre!»...

¿Pero cómo podría pensarse en no tener hambre? El Lager *es* el hambre: nosotros somos el hambre, un hambre viviente.

Más allá de la carretera está funcionando una excavadora. Su cesta, suspendida de los cables, abre las mandíbulas dentadas, se queda un momento como dudando en la elección, luego se lanza sobre la tierra arcillosa y blanda y la muerde vorazmente, mientras de la cabina de mando sale un bufido satisfecho de humo blanco y denso. Luego se alza, gira a medias, vomita por la trasera el bocado de que está cargada y vuelve a empezar.

Apoyados en las palas, nos quedamos mirándola fascinados. A cada mordisco de la cesta las bocas se cierran, las nueces suben y bajan miserablemente en las gargantas, visibles bajo la piel fláccida. No conseguimos sustraernos al espectáculo de la comida de la excavadora.

Sigi tiene diecisiete años y es el más hambriento aunque recibe cada tarde un poco de potaje que le da un protector suyo, verosímilmente no desinteresado. Había empezado a hablar de su casa de Viena y de su madre, pero luego ha pasado al tema de la cocina y ahora nos habla sin parar de no sé qué banquete de bodas y recuerda, con verdadero desconsuelo, que no terminó el tercer plato de potaje de habas. Todos lo mandan callar, y no han pasado diez minutos cuando Bela nos describe su campiña húngara, y los campos de maíz, y una receta para hacer polenta dulce con maíz tostado, y manteca, y especias, y... y lo insultan, lo maldicen, y hay otro que empieza a contar...

¡Qué débil es la carne! Yo me doy perfecta cuenta de cuán vanas son estas imaginaciones del hambre, pero no puedo sustraerme a la ley común, y ante los ojos me baila la *pasta asciutta* que acabábamos de hacer Vanda, Luciana, Franco y yo, en Italia, en el campo de espera, cuando nos dieron la noticia repentina de que al día siguiente teníamos que salir para venir aquí; y estábamos comiéndola (estaba tan buena, amarilla, sólida) y la dejamos, necios de nosotros, insensatos: ¡si hubiésemos sabido! Y si ocurriese otra vez... Absurdo; si hay una cosa segura en el mundo es ésta: que no nos sucederá otra vez.

Fischer, el último que ha llegado, se saca del bolsillo un envoltorio, preparado con la minuciosidad de los húngaros, y dentro hay media ración de pan: la mitad del pan de esta mañana. Es bien sabido que sólo los Números Altos son capaces de quedarse con el pan en el bolsillo; ninguno de nosotros, los antiguos, está en condiciones de conservar el pan durante una hora entera. Varias teorías circulan para justificar esta incapacidad nuestra: el pan comido poco a poco a veces no se asimila del todo; la tensión nerviosa necesaria para guardar el pan, sin atacarlo cuando se tiene hambre, es nociva y debilitante en grado sumo; el pan endurecido pierde rápidamente su valor alimenticio, por lo que cuanto antes es ingerido tanto más nutritivo, resulta; Alberto dice que el hambre y el pan en el bolsillo son cantidades de signo contrario, que se neutralizan automáticamente y no pueden coexistir en el mismo individuo; y muchos, en fin, afirman justamente que el estómago es la caja fuerte más segura contra los robos y las extorsiones.

—*Moi, on m'a jamais volé mon pain!* —gruñe David golpeándose el estómago cóncavo: pero no puede apartar los ojos de Fischer, que mastica lento y metódico, del «afortunado» que posee todavía media ración a las diez de la mañana—: *... sacré veinard, va!*

Pero no sólo debido al sol es el de hoy un día alegre: a mediodía nos espera una sorpresa. Además del rancho normal de la mañana, encontramos en la barraca una maravillosa marmita de cincuenta litros, de las de la Cocina de la Fábrica, casi llena. Templer nos mira triunfante: esta «organización» es obra suya.

Templer es el organizador oficial de nuestro *Kommando*: tiene para la sopa de los Civiles una sensibilidad exquisita, como las abejas para las flores. Nuestro *Kapo*, que no es un mal *Kapo*, le deja las manos libres, y con razón: Templer se echa a andar siguiendo pistas imperceptibles, como un sabueso, y vuelve con la preciosa noticia de que los obreros polacos del Alcohol Metílico, a dos kilómetros de aquí, han dejado cuarenta litros de sopa porque sabía a rancio, o que un vagón de nabos se ha quedado sin guardia en la vía muerta de la Cocina de la Fábrica.

Hoy, los litros son cincuenta, y nosotros somos quince, *Kapo* y *Vorarbeiter* comprendidos. Son tres litros por cabeza; uno lo tomaremos a mediodía, además del rancho normal, y para los otros dos iremos por turno esta tarde a la barraca, y nos serán concedidos excepcionalmente cinco minutos de suspensión del trabajo para que nos hartemos.

¿Qué más podría desearse? Hasta el trabajo nos parece ligero ante la perspectiva de los dos litros densos y calientes que nos esperan en la barraca. Periódicamente se nos acerca el *Kapo* y llama:

—*Wer hat noch zu fressen?*

Esto, no ya por burla o por escarnio, sino porque verdaderamente este nuestro comer de pie, furiosamente, escaldándose la boca y la garganta, sin tiempo para respirar, es «*fressen*», el comer de las bestias, y no por cierto «*essen*», el comer de los hombres, sentados ante una mesa, religiosamente. «*Fressen*» es el vocablo apropiado, el comúnmente usado entre nosotros.

Meister Nogalla está aquí y hace la vista gorda ante nuestra ausencia del trabajo. También *Meister* Nogalla tiene cara de hambriento, y si no fuese por las conveniencias sociales quizás no rechazara un litro de nuestro aguaje caliente.

Le llega el turno a Templer, al que, con plebiscitario consentimiento, le han sido asignados cinco litros, sacados del fondo de la marmita. Porque Templer, además de ser un buen organizador, es un excepcional comedor de potaje y, caso único, está en condiciones de vaciar los intestinos, voluntaria y preventivamente, en vista de la comida voluminosa: lo que contribuye a su asombrosa capacidad gástrica.

De esta habilidad suya está justamente orgulloso, y todos, hasta *Meister* Nogalla, la conocen. Acompañado por la gratitud de todos, el benefactor Templer se encierra unos instantes en la letrina, sale radiante y pronto, y se dispone, entre la general benevolencia, a gozar del fruto de su obra:

—*Nu, Templer, hast du Platz genug für die Suppe gemacht?*

Al atardecer, suena la sirena del *Feierabend*, del final del trabajo; y puesto que todos estamos, al menos durante unas horas, saciados, no hay lugar a litigios, nos sentimos bondadosos, el *Kapo* no tiene deseos de castigarnos y somos capaces de pensar en nuestras madres y en nuestras mujeres, lo que no sucede con frecuencia. Durante unas horas podemos ser infelices a la manera de los hombres libres.

Más acá del bien y del mal

Teníamos una incorregible tendencia a ver en cada acontecimiento un símbolo y un signo. Desde hacía setenta días se hacía esperar el *Wäschetauschen*, la ceremonia del cambio de la ropa interior, y ya circulaba insistente la voz de que faltaba ropa interior de recambio porque, debido al avance del frente, los alemanes no podían hacer afluir a Auschwitz nuevos transportes; «por eso» la liberación estaba cerca; y paralelamente, la interpretación opuesta, que el retraso de la muda era signo seguro de una próxima liquidación integral de todo el campo. Pero la muda llegó y, como de costumbre, la dirección del Lager se preocupó de que llegase de improviso y al mismo tiempo a todos los barracones.

Es preciso saber que en el Lager la tela escasea y es preciosa; y que el único modo que tenemos de procurarnos un trapo para limpiarnos la nariz, o un retazo para los pies, es precisamente el cortarle el faldón a una camisa en el momento de la muda. Si la camisa es de manga larga, se le cortan las mangas; si no, uno se contenta con un rectángulo de abajo, o se descose uno de sus numerosos remiendos. En todo caso, hace falta algún tiempo para procurarse aguja e hilo, y para realizar la operación con cierto arte, de modo que el estropicio no sea demasiado evidente en el acto de la entrega. La ropa sucia y rasgada pasa a granel a la Sastrería del campo donde es sumariamente zurcida, luego a la desinfección con vapor (¡no al lavado!); después es redistribuida; de ahí que, para salvar la ropa usada de las mencionadas mutilaciones, sea necesario hacer llegar la muda de la manera más imprevista.

Pero, siempre como de costumbre, no se ha podido evitar que alguna mirada sagaz penetrase bajo el toldo del carro que salía de la desinfección, de modo que en pocos minutos el campo se ha enterado de la inminencia de un *Waschetauschen* y, por añadidura, de que esta vez se trataba de camisas nuevas, procedentes de un transporte de húngaros llegado hace tres días.

La noticia ha tenido una resonancia instantánea. Todos los detentadores abusivos de segundas camisas, robadas u «organizadas», o tal vez honestamente compradas con pan para protegerse del frío o para invertir capital en un momento de prosperidad, se han precipitado hacia la Bolsa, esperando llegar a tiempo de cambiar por géneros de consumo su camisa de reserva antes de que la oleada de camisas nuevas, o la certeza de su llegada, devaluasen irreparablemente el precio del artículo.

La Bolsa es siempre activísima. Aunque todo cambio (mejor, toda forma de propiedad) esté explícitamente prohibido, y aunque frecuentes rastreos de los *Kapos* o de los *Blockältes-te* atropellen periódicamente en una sola fuga a mercaderes, clientes y curiosos, sin embargo, en el ángulo nordeste del Lager (significativamente en el ángulo más alejado de las barracas de las SS), apenas las escuadras han vuelto del trabajo, se reúne un concurso tumultuoso, al aire libre en verano, dentro del lavadero en invierno.

Aquí vagan a decenas, con los labios entreabiertos y los ojos relucientes, los desesperados por el hambre, a los que un instinto falaz empuja allá donde las mercancías exhibidas hacen más agria la roedura del estómago y más asidua la salivación. Van provistos, en el mejor de los casos, de la mísera media ración de pan que, con esfuerzo doloroso, han ahorrado desde la mañana, con la esperanza insensata de que se presente la ocasión de un trueque ventajoso con algún ingenuo, desconocedor de las cotizaciones del momento. Algunos de éstos, con salvaje paciencia, adquieren con la media ración un litro de potaje que, al ir alejándose, someten a la metódica extracción de los pocos pedazos de patata que yacen en el fondo; hecho lo cual, la cambian por pan, y el pan por un nuevo litro que expoliar, y esto hasta el agotamiento de los nervios, o hasta que cualquier perjudicado, cogiéndole in fraganti, no les inflija una severa lección, exponiéndolos a la pública irrisión. A la misma especie pertenecen los que van a la Bolsa a vender su única camisa; ésos saben bien lo que va a suceder, en la primera ocasión, cuando el *Kapo* compruebe que están desnudos bajo la chaqueta. El *Kapo* les preguntará qué han hecho de la camisa; es una pura pregunta retórica, una formalidad útil tan sólo para entrar en materia. Le responderán que la camisa se la han robado en el lavadero; también es de rigor esta respuesta, y no pretende ser creída; en realidad, hasta las piedras del Lager saben que en noventa y nueve veces de cada ciento quien no tiene camisa la ha vendido por hambre, y que además se es responsable de la camisa porque pertenece al Lager. Entonces, el *Kapo* lo golpeará, le será asignada otra camisa, y antes o después todo volverá a empezar.

Cada uno en su rincón acostumbrado, se estacionan en la Bolsa los mercaderes profesionales; los primeros de entre ellos, los griegos, inmóviles y silenciosos como esfinges, agazapados detrás de las escudillas de potaje denso, fruto de su trabajo, de sus combinaciones y de su solidaridad nacional. Los griegos se han reducido ahora a poquísimos, pero han aportado una contribución de primer orden a la fisonomía del campo y a la jerga internacional que por él circula. Todos saben que «caravana» es la escudilla, y que «la comedera es buena» quiere decir que el potaje es bueno; el vocablo que expresa la idea genérica de hurto es «klepsi-klepsi», de evidente origen griego. Estos pocos supervivientes de la colonia judía de Salónica, la del doble lenguaje, español y helénico, y de las múltiples actividades, son los depositarios de una concreta, terrena, cómplice sabiduría en la que confluyen las tradiciones de todas las civilizaciones mediterráneas. Que esta sabiduría se resuelva en el campo con la práctica sistemática y científica del hurto y del asalto a los cargos y con el monopolio de la Bolsa de los trueques, no debe hacer olvidar que su repugnancia por la brutalidad gratuita, su asombrosa conciencia de la subsistencia de una, cuando menos potencial, dignidad humana, hacían de los griegos del Lager el núcleo nacional más coherente y, bajo este punto de vista, el más civil.

Se puede encontrar en la Bolsa a los especialistas de los hurtos en la cocina, con las chaquetas hinchadas por misteriosos bultos. Mientras para el potaje hay un precio casi estable (media ración de pan por un litro), la cotización de los nabos, remolachas, patatas, es caprichosa en extremo y depende mucho, entre otros factores, de la diligencia y la corruptibilidad de los guardianes de turno en los almacenes.

Se vende el Mahorca: el Mahorca es un tabaco de desecho, en forma de astillas leñosas, oficialmente en venta en la *Kantine*, en paquetes de cincuenta gramos, contra la entrega de «bonos-premio» que la Buna debería distribuir entre los mejores trabajadores. Tal distribución se hace irregularmente, con gran parsimonia y evidente iniquidad, de modo que la mayor parte de los bonos terminan, directamente o por abuso de autoridad, en manos de los *Kapos* y de los prominentes; sin embargo, los bonos-premio de la Buna circulan en el mercado del Lager a guisa de moneda, y su valor varía en estricta obediencia a las leyes de la economía clásica.

Ha habido períodos en los que se ha pagado una ración de pan por bono-premio, luego una y cuarto, también una y un tercio; una vez ha sido cotizado a ración y media, pero luego el suministro de Mahorca en las *Kantinas* ha disminuido y entonces, al faltar la cobertura, la divisa se ha precipitado de golpe a un cuarto de ración. Le ha sucedido otro período de alza debido a una razón singular: el cambio de la guardia en el *Frauenblock*, con la llegada de un contingente de robustas muchachas polacas. En efecto, puesto que el bono-premio es válido (para los criminales y los políticos: no para los judíos, los cuales, por lo demás, no sufren por la limitación) para un ingreso en el *Frauenblock*, los interesados han hecho un activo y rápido acaparamiento: de donde el alza que, por lo demás, no ha durado mucho.

Entre los comunes *Häftlinge*, pocos son los que buscan el Mahorca para fumárselo personalmente; casi siempre sale del campo y termina en los laboratorios civiles de la Buna. Es un sistema de «kombinacja» bastante difundido: el *Häftling*, una vez economizada del modo que sea una ración de pan, la invierte en Mahorca; se pone cautamente en contacto con un «aficionado» civil, que adquiere el Mahorca efectuando el pago al contado con una dosis de pan superior a la inicialmente establecida. El *Häftling* se come el margen de ganancia y pone en circulación la ración sobrante. Especulaciones de esta clase establecen una conexión entre la economía interior del Lager y la vida económica del mundo exterior: cuando, accidentalmente, ha llegado a faltar la distribución del tabaco a la población civil de Cracovia, el hecho, superando la barrera de alambre de púa que nos segrega del consorcio humano, ha tenido repercusión en el campo, provocando una clara alza de la cotización del Mahorca y, en consecuencia, de los bonos-premio.

El caso arriba esbozado no es sino el más esquemático: otro más complejo es el siguiente. El *Häftling* adquiere mediante Mahorca o pan —o quizá por donación de un civil— cualquier abominable, rasgado, sucio trapo de camisa sin embargo provisto aún de tres agujeros por los que pasar bien o mal los brazos y la cabeza. Siempre que no muestre más que signos de desgaste, y no de mutilaciones artificiosamente realizadas, semejante objeto, en lo que al *Wäschentauschen* se refiere, es válido como camisa y da derecho al cambio; todo lo más, quien lo muestra podrá recibir una adecuada dosis de golpes por haber puesto tan poco cuidado en la conservación de los indumentos de ordenanza.

Por ello, en el interior del Lager no hay gran diferencia de valor entre una camisa digna de tal nombre y un andrajo lleno de remiendos; el *Häftling* no tendrá dificultad en encontrar un compañero en posesión de una camisa en estado comerciable que no pueda valorizar porque, por razones de ubicación del trabajo, o de lenguaje, o de intrínseca incapacidad, no está en relación con los trabajadores civiles. Estos últimos se contentarán con un modesto porcentaje de pan para aceptar el cambio; efectivamente, el próximo *Wäschentauschen* restablecerá en cierto modo la nivelación repartiendo ropa buena o mala de manera perfectamente casual. Pero el primer *Häftling* podrá contrabandear en la Buna la camisa buena y vendérsela al civil de antes (o a cualquier otro) por cuatro, seis, hasta diez raciones de pan. Este tan elevado margen de ganancias refleja la gravedad del riesgo de salir del campo con más de una camisa puesta, o de regresar sin camisa.

Muchas son las variaciones sobre este tema. Hay quien no duda en sacarse las fundas de oro de las muelas para venderlas en la Buna por pan o tabaco; pero es más común el caso de que semejante tráfico tenga lugar por persona interpuesta. Un «número alto», es decir, un recién llegado, llegado hace poco pero ya lo suficientemente embrutecido por el hambre y por la extremada tensión de la vida en el campo, es oteado por un «número bajo» a causa de alguna rica prótesis dental que lleve puesta; el «bajo» ofrece al «alto» tres o cuatro raciones de pan al contado por someterse a la extracción. Si el alto acepta, el bajo paga, se lleva el oro a la Buna y, si está en contacto con un civil de confianza, del que no sean de temer delaciones o estafas, puede realizar sin más una ganancia de hasta diez, veinte o más raciones, que le son pagadas gradualmente, una o dos al día. Advirtamos a tal propósito que, contrariamente a lo que sucede en la Buna, cuatro raciones de pan son el importe máximo de los negocios que se concluyen en el campo, porque aquí sería prácticamente imposible tanto estipular contratos a crédito, como preservar de la codicia ajena y del hambre propia una cantidad mayor de pan.

El tráfico con los civiles es un elemento característico del *Arbeitslager* y, como se acaba de ver, determina la vida económica. Es por lo demás delito, explícitamente contemplado por el reglamento del campo y asimilado al delito «político»; por ello es castigado con particular severidad. El *Häftling* convicto de *Handel mit Zivilisten*, si no dispone de buenas influencias, acaba en Gleiwitz III, en Janina, en las minas de carbón de Heidebreck; lo que significa la muerte por agotamiento en el transcurso de unas pocas semanas. Además, el mismo trabajador civil cómplice suyo puede ser denunciado a la autoridad competente alemana y condenado a pasar un período variable, según me consta, de quince días a ocho meses en *Vernichtunslager*, en las mismas condiciones que nosotros. Los obreros a los que se aplica este género de talión son expoliados como nosotros a la entrada, pero sus efectos personales se conservan en un almacén a propósito. No se los tatúa y conservan su pelo, lo que los hace fácilmente reconocibles, pero durante todo el tiempo del castigo se los somete al mismo trabajo que a nosotros y a nuestra disciplina; excluidas, desde luego, las selecciones.

Trabajan en *Kommandos* especiales y no tienen contacto de ningún género con los *Häftlinge* comunes. En efecto, para ellos el Lager es un castigo y, si no mueren de cansancio o de enfermedad, tienen muchas probabilidades de volver entre los hombres; si se les diese la posibilidad de comunicarse con nosotros, ello abriría una brecha en el muro que nos tiene muertos para el mundo, y una rendija sobre el misterio que reina entre los hombres libres en torno a nuestro estado. En cambio, para nosotros, el Lager no es un castigo; para nosotros no se prevé un término, y el Lager no es otra cosa que el género de existencia a nosotros asignado, sin límites de tiempo, en el seno del organismo social germánico.

Una sección de nuestro mismo campo está destinada por supuesto a los trabajadores civiles de todas las nacionalidades que deben residir en él durante un tiempo más o menos largo, en expiación de sus relaciones ilícitas con los *Häftlinge*. Dicha sección está separada del resto del campo mediante un alambre de púas, y se llama E-Lager, y E-*Häftlinge* se llaman sus huéspedes. E es la inicial de *Erziehung*, que significa «educación».

Todas las combinaciones hasta ahora descritas están fundadas en el contrabando de material perteneciente al Lager. Por eso, los SS son tan rigurosos al reprimirlos: el mismo oro de nuestros dientes es propiedad suya, puesto que, arrancado de las mandíbulas de los vivos y de los muertos, todo termina antes o después en sus manos. Es, por lo tanto, natural que se ocupen de que el oro no salga del campo.

Pero contra el hurto en sí la dirección del campo no tiene ninguna prevención. Lo demuestra la actitud de amplia connivencia manifestada por los SS frente al contrabando inverso.

Aquí, las cosas son generalmente más sencillas. Se trata de robar o de comprar después de robado alguno de los variados utensilios, herramientas, materiales, productos, etcétera con los que a diario estamos en contacto en la Buna por razones de trabajo; introducirlo en el campo por la tarde, encontrar el cliente y efectuar el trueque por pan o sopa. Este tráfico es intensísimo: para determinados artículos, que no obstante son necesarios para la vida normal del Lager, ésta, la del hurto en la Buna, es la única y regular vía de abastecimiento. Son típicos los casos de las escobas, de los barnices, del alambre eléctrico, del betún de los zapatos. Valga como ejemplo el tráfico de esta última mercancía.

Como ya hemos dicho en otra parte, el reglamento del campo prescribe que todas las mañanas los zapatos se embetunen y se les saque brillo, y cada *Blockältester* es responsable ante los SS de la obediencia a esta disposición por parte de todos los hombres de su barracón. Se podría, pues, pensar que cada barracón disfruta de una asignación periódica de betún para los zapatos, pero no es así: el mecanismo es otro. Es necesario anticipar que cada barracón recibe, por las tardes, una asignación de potaje que es un poco mayor que la suma de las raciones reglamentarias; el exceso es repartido según el arbitrio del *Blockältester*, el cual se procura, en primer lugar, las atenciones para sus amigos y protegidos, en segundo, las compensaciones debidas a los barrenderos, a los guardias nocturnos, a los inspectores de piojos y a todos los demás funcionarios prominentes de la barraca. Lo que todavía queda (y todo *Blockältester* astuto hace que siempre sobre), sirve precisamente para las compras.

Lo demás se comprende: los *Häftlinge* a los que se les ofrece en la Buna la ocasión de llenarse la escudilla de grasa o de aceite de máquina (o de otras cosas: cualquier sustancia negruzca y untuosa se considera al fin adecuada), llegados al campo por la tarde, hacen sistemáticamente la ronda de los barracones hasta que encuentran al *Blockältester* desprovisto del artículo o que quiere tenerlo en reserva. Por lo demás, cada barraca tiene por lo menos su abastecedor habitual, con el cual ha sido pactada una compensación fija diaria a condición de que proporcione la grasa cada vez que la reserva esté a punto de acabarse.

Todas las noches, junto a las puertas de los *Tagesräume*, se estacionan pacientemente los puestos de los proveedores: quietos y en pie durante horas y horas bajo la lluvia o la nieve, hablan agitadamente y en voz baja de cuestiones relacionadas con las variaciones de los precios y del valor del bono-premio. De cuando en cuando alguno se separa del grupo, hace una breve visita a la Bolsa y vuelve con las últimas noticias.

Además de los ya nombrados, son innumerables los artículos disponibles en la Buna que pueden ser útiles en el *Block*, ser agradecidos por el *Blockältester*, o suscitar el interés o la curiosidad de los prominentes. Bombillas, cepillos, jabón corriente o de barba, limas, pinzas, sacos, clavos; se despacha el alcohol metílico, bueno para hacer bebidas, y la bencina, buena para encendedores, prodigios de la industria secreta de los artesanos del Lager.

En esta compleja red de hurtos y contrahurtos, alimentados por la sorda hostilidad entre los comandos SS y la autoridad civil de la Buna, función de primer orden tiene el *Ka-Be*. El *Ka-Be* es el lugar de menor resistencia, la válvula por la que más fácilmente pueden evadirse los reglamentos y eludirse la vigilancia de los *Kapos*. Todos saben que son los mismos enfermeros los que reincorporan al mercado, a bajo precio, las ropas y los zapatos de los muertos y de los seleccionados que parten desnudos para Birkenau; son los enfermeros y los médicos los que exportan de la Buna los sulfamídicos asignados, vendiéndolos a los civiles contra géneros alimentarios.

Además, los enfermeros obtienen grandes ganancias del tráfico de cucharas. El Lager no provee de cuchara a los recién llegados, aunque el potaje semilíquido no pueda ser consumido de otra manera. Las cucharas se fabrican en la Buna, a escondidas y en los ratos libres, por los *Häftlinge* que trabajan como especialistas en los *Kommandos* de herreros y hojalateros; se trata de bastas y pesadas herramientas, hechas con chapas trabajadas a martillazos, frecuentemente con el mango afilado, de modo que sirva al mismo tiempo de cuchillo para cortar el pan. Los mismos fabricantes las venden directamente a los recién llegados; una cuchara sencilla vale media ración, una cuchara-cuchillo tres cuartos de ración de pan. Ahora bien, es ley que en el *Ka-Be* se pueda entrar con la cuchara, pero no salir con ella. A los curados, en el acto de darlos de alta y antes de vestirlos, la cuchara les es confiscada por los enfermeros, que la envían en venta a la Bolsa. Añadiendo a las cucharas de los curados las de los muertos y las de los seleccionados, los enfermeros llegan a percibir a diario las ganancias de la venta de una cincuentena de cucharas. Por el contrario, los enfermos dados de alta se ven obligados a reanudar el trabajo con la desventaja inicial de media ración de pan asignada a la adquisición de una nueva cuchara.

En fin, el *Ka-Be* es el principal cliente y comprador de los hurtos consumados en la Buna: del potaje destinado al *Ka-Be* veinte buenos litros al día son presupuestados como fondo de hurtos para adquirir de los especialistas los artículos más variados. Hay quien roba el fino tubo de goma utilizado en el *Ka-Be* para las enteroirrigaciones y las sondas gástricas; quien llega a ofrecer los lapiceros y tintas de colores, necesarios para la complicada contabilidad de la comandancia del *Ka-Be*; los termómetros y la vajilla y los reactivos químicos que salen de los almacenes de la Buna en los bolsillos de los *Häftlinge* y se emplean en la enfermería como material sanitario.

Y no querría pecar de inmodestia al añadir que ha sido nuestra, de Alberto y mía, la idea de robar los rollos de papel milimetrado de los termógrafos de la Oficina de Desecación y ofrecérselos al Médico Jefe del *Ka-Be*, sugiriéndole que lo emplee bajo la forma de módulos para los diagramas pulso-temperatura.

En conclusión, el hurto en la Buna, castigado por la Dirección Civil, es autorizado y estimulado por los SS; el hurto en el campo, reprimido severamente por los SS, es considerado por los civiles una operación normal de cambio; el hurto entre *Häftlinge* es generalmente castigado pero el castigo afecta con la misma gravedad al ladrón y al robado. Quiero invitar ahora al lector a que reflexione sobre lo que podrían significar en el Lager nuestras palabras «bien» y «mal», «justo» e «injusto»; que juzgue, basándose en el cuadro que he pintado y los ejemplos más arriba expuestos, cuánto de nuestro mundo moral normal podría subsistir más allá de la alambrada de púas.

Los hundidos y los salvados

Ésta, de la que hemos hablado y hablaremos, es la vida ambigua del Lager. De esta manera dura, estrujados contra el fondo, han vivido muchos hombres de nuestros días, pero todos durante un tiempo relativamente breve; por lo que quizás sea posible preguntarse si realmente merece la pena, y si está bien, que de esta excepcional condición humana quede cualquier clase de recuerdo.

A esta pregunta estoy inclinado a responder afirmativamente. En efecto, estoy persuadido de que ninguna experiencia humana carece de sentido ni es indigna de análisis, y de que, por el contrario, hay valores fundamentales, aunque no siempre positivos, que se pueden deducir de este mundo particular del que estamos hablando. Querría hacer considerar de qué manera el Lager ha sido, también y notoriamente, una gigantesca experiencia biológica y social.

Enciérrense tras la alambrada de púas a millares de individuos diferentes en edades, estado, origen, lengua, cultura y costumbres, y sean sometidos aquí a un régimen de vida constante, controlable, idéntico para todos y por debajo de todas las necesidades: es cuanto de más riguroso habría podido organizar un estudioso para establecer qué es esencial y qué es accesorio en el comportamiento del animal hombre frente a la lucha por la vida.

No creo en la más obvia y fácil deducción: que el hombre es fundamentalmente brutal, egoísta y estúpido tal y como se comporta cuando toda superestructura civil es eliminada, y que el *Häftling* no es más que el hombre sin inhibiciones. Pienso más bien que, en cuanto a esto, tan sólo se puede concluir que, frente a la necesidad y el malestar físico oprimente, muchas costumbres e instintos sociales son reducidos al silencio.

Me parece, en cambio, digno de atención este hecho: queda claro que hay entre los hombres dos categorías particularmente bien distintas: los salvados y los hundidos. Otras parejas de contrarios (los buenos y los malos, los sabios y los tontos, los cobardes y los valientes, los desgraciados y los afortunados) son bastante menos definidas, parecen menos congénitas, y sobre todo admiten gradaciones intermedias más numerosas y complejas.

Esta división es mucho menos evidente en la vida común; en ésta no sucede con frecuencia que un hombre se pierda, porque normalmente el hombre no está solo y, en sus altibajos, está unido al destino de sus vecinos; por lo que es excepcional que alguien crezca en poder sin límites o descienda continuamente de derrota en derrota hasta la ruina. Además, cada uno posee por regla general reservas espirituales, físicas e incluso pecuniarias tales, que la eventualidad de un naufragio, de una insuficiencia ante la vida, tiene menor probabilidad. Añádase también la sensible acción de amortiguación que ejerce la ley, y el sentimiento moral, que es una ley interior; en efecto, un país se considera tanto más desarrollado cuanto más sabias y eficientes son las leyes que impiden al miserable ser demasiado miserable y al poderoso ser demasiado poderoso.

Pero en el Lager sucede de otra manera: aquí, la lucha por la supervivencia no tiene remisión porque cada uno está desesperadamente, ferozmente solo. Si un tal Null Achtzehn vacila, no encontrará quien le eche una mano; encontrará más bien a alguien que le eche a un lado, porque nadie está interesado en que un «musulmán»* más se arrastre cada día al tra-

* Con el término *Muselmann*, ignoro por qué razón, los veteranos del campo designaban a los débiles, los ineptos, los destinados a la selección.

bajo: y si alguno, mediante un prodigio de salvaje paciencia y astucia, encuentra una nueva combinación para escurrirse del trabajo más duro, un nuevo arte que le rente unos gramos más de pan, tratará de mantenerla en secreto, y por ello será estimado y respetado, y le producirá un beneficio personal y exclusivo; será más fuerte, y será temido por ello, y quien es temido es, ipso facto, un candidato a sobrevivir.

En la historia y en la vida, parece a veces discernirse una ley feroz que reza: «a quien tiene, le será dado; a quien no tiene, le será quitado». En el Lager, donde el hombre está solo y la lucha por la vida se reduce a su mecanismo primordial, esta ley inicua está abiertamente en vigor, es reconocida por todos. Con los adaptados, con los individuos fuertes y astutos, los mismos jefes mantienen con gusto relaciones, a veces casi de camaradas, porque tal vez esperan obtener más tarde alguna utilidad. Pero a los «musulmanes», a los hombres que se desmoronan, no vale la pena dirigirles la palabra, porque ya se sabe que se lamentarán y contarán lo que comían en su casa. Vale menos aún la pena hacerse amigo suyo, porque no tienen en el campo amistades ilustres, no comen nunca raciones extras, no trabajan en *Kommandos* ventajosos y no conocen ningún modo secreto de organizarse. Y, finalmente, se sabe que están aquí de paso y que dentro de unas semanas no quedará de ellos más que un puñado de cenizas en cualquier campo no lejano y, en un registro, un número de matrícula vencido. Aunque englobados y arrastrados sin descanso por la muchedumbre innumerable de sus semejantes, sufren y se arrastran en una opaca soledad íntima, y en soledad mueren o desaparecen, sin dejar rastros en la memoria de nadie.

El resultado de este despiadado proceso de selección natural habría podido leerse en las estadísticas del movimiento de los Lager. En Auschwitz, en 1944, de los prisioneros judíos veteranos (de los otros no hablaré aquí, porque sus condiciones eran diferentes), *kleine Nummer*, números bajos inferiores al ciento cincuenta mil, pocos centenares sobrevivían: ninguno de éstos era un vulgar *Häftling* que vegetase en los

Kommandos vulgares y recibiese la ración normal. Quedaban solamente los médicos, los sastres, los zapateros remendones, los músicos, los cocineros, los jóvenes homosexuales atractivos, los amigos y paisanos de alguna autoridad del campo; además de individuos particularmente crueles, vigorosos e inhumanos, instalados (a consecuencia de la investidura por parte del comando de los SS, que en tal selección demostraban poseer un satánico conocimiento de la humanidad) en los cargos de *Kapo*, de *Blockältester* u otros: y, en fin, los que, aunque sin desempeñar funciones especiales, siempre habían logrado, gracias a su astucia y energía, organizarse con éxito, obteniendo así, además de ventaja material y reputación, la indulgencia y estima de los poderosos del campo. Quien no sabe convertirse en un *Organisator*, *Kombinator*, *Prominent* (¡atroz elocuencia de los términos!) termina pronto en «musulmán». Un tercer camino hay en la vida, donde es más bien la norma; no lo hay en el campo de concentración.

Sucumbir es lo más sencillo: basta cumplir órdenes que se reciben, no comer más que la ración, atenerse a la disciplina del trabajo y del campo. La experiencia ha demostrado que, de este modo, sólo excepcionalmente se puede durar más de tres meses. Todos los «musulmanes» que van al gas tienen la misma historia o, mejor dicho, no tienen historia; han seguido por la pendiente hasta el fondo, naturalmente, como los arroyos que van a dar a la mar. Una vez en el campo, debido a su esencial incapacidad, o por desgracia, o por culpa de cualquier incidente trivial, se han visto arrollados antes de haber podido adaptarse; han sido vencidos antes de empezar, no se ponen a aprender alemán y a discernir nada en el infernal enredo de leyes y de prohibiciones, sino cuando su cuerpo es una ruina, y nada podría salvarlos de la selección o de la muerte por agotamiento. Su vida es breve pero su número es desmesurado; son ellos, los *Muselmänner*, los hundidos, los cimientos del campo, ellos, la masa anónima, continuamente renovada y siempre idéntica, de no hombres que marchan y trabajan en silencio, apagada en ellos la llama divina, demasiado vacíos ya para sufrir verdaderamente. Se duda en llamarlos vivos: se duda en llamar muerte a su muerte, ante la que no temen porque están demasiado cansados para comprenderla.

Son los que pueblan mi memoria con su presencia sin rostro, y si pudiese encerrar a todo el mal de nuestro tiempo en una imagen, escogería esta imagen, que me resulta familiar: un hombre demacrado, con la cabeza inclinada y las espaldas encorvadas, en cuya cara y en cuyos ojos no se puede leer ni una huella de pensamiento.

Si los hundidos no tienen historia, y una sola y ancha es la vía de la perdición, las vías de la salvación son, en cambio, muchas, ásperas e impensadas.

La vía maestra, como ya he dicho, es la *Prominenz*. *Prominenten* se llaman los funcionarios del campo a partir del director-*Häftling* (*Lagerältester*), los *Kapos*, los cocineros, los enfermeros, los guardias nocturnos, hasta los barrenderos de las barracas y los *Scheissminister* y *Bademeister* (encargados de letrinas y duchas). Más especialmente interesan aquí los prominentes judíos puesto que, mientras a los otros se los investía de cargos automáticamente al ingresar en el campo, en virtud de su supremacía natural, los judíos debían intrigar y luchar duramente para obtenerlos.

Los prominentes judíos constituyen un triste y notable fenómeno humano. Convergen en ellos los sufrimientos presentes, pasados y atávicos, y las tradiciones y la educación de hostilidad hacia el extranjero, para convertirlos en monstruos de insociabilidad y de insensibilidad.

Son el típico producto de la estructura del Lager alemán: ofrézcase a algunos individuos en estado de esclavitud una posición privilegiada, cierta comodidad y una buena probabilidad de sobrevivir, exigiéndoles a cambio la traición a la solidaridad natural con sus compañeros, y seguro que habrá quien acepte. Éste será sustraído a la ley común y se convertirá en intangible; será por ello tanto más odiado cuanto mayor poder le haya sido conferido. Cuando le sea confiado el mando de una cuadrilla de desgraciados, con derecho de vida y muerte sobre ellos, será cruel y tiránico porque entenderá que si no lo fuese bastante, otro, considerado más idóneo, ocuparía su puesto. Sucederá además que su capacidad de odiar, que se mantenía viva en dirección a sus opresores, se volverá, irracionalmente, contra los oprimidos, y él se sentirá satisfecho cuando haya descargado en sus subordinados la ofensa recibida de los de arriba.

Me doy cuenta de que todo esto está lejos del cuadro que suele imaginarse de los oprimidos que se unen, si no para resistir, cuando menos para sobrellevar algo. No excluyo que así puede ser cuando la opresión no supera un determinado límite, o quizá cuando el opresor, por inexperiencia o por magnanimidad, lo tolera o lo estimula. Pero advierto que en nuestros días, en todos los países en los que un pueblo ha puesto su pie de invasor, se ha establecido una situación análoga de rivalidad y de odio entre los sometidos; y esto, como otros muchos hechos humanos, se ha podido comprobar en los Lager con particular y cruel evidencia.

Sobre los prominentes no judíos hay menos que decir, aunque fuesen con mucho los más numerosos (ningún *Häftling* «ario» carecía de un cargo, aunque fuese modesto). Que hayan sido estúpidos y bestiales resulta natural si se piensa que la mayor parte eran criminales comunes escogidos en las cárceles alemanas con vistas a su empleo como vigilantes en los campos para judíos; y pienso que ésta fue una elección muy cuidadosa, porque me niego a creer que los escuálidos ejemplares humanos a los que vi en acción representen al tipo medio, no de los alemanes en general, sino tampoco de los presidiarios alemanes en particular. Es más difícil explicarse cómo en Auschwitz los prominentes políticos alemanes, polacos y rusos rivalizasen en brutalidad con los reos comunes. Pero es bien sabido que en Alemania el calificativo de delito político se aplicaba también a hechos tales como el comercio clandestino, las relaciones ilícitas con judías, y los hurtos en perjuicio de funcionarios del Partido. Los políticos «verdaderos» vivían y morían en otros campos, de nombre ahora tristemente famoso, en condiciones notoriamente durísimas, pero diferentes en muchos aspectos de las aquí descritas.

Pero además de los funcionarios propiamente dichos, hay otra vasta categoría de prisioneros que, no favorecidos inicialmente por el destino, luchan tan sólo con sus fuerzas por sobrevivir. Hay que remontar la corriente; dar la batalla todos los días al hambre, al frío y a la consiguiente inercia; resistirse a los enemigos y no apiadarse de los rivales; aguzar el ingenio, ejercitar la paciencia, fortalecer la voluntad. O, también, acallar la dignidad y apagar la luz de la conciencia, bajar al campo como brutos contra otros brutos, dejarse guiar por las insospechadas fuerzas subterráneas que sostienen a las estirpes y a los individuos en los tiempos crueles. Muchísimos han sido los caminos imaginados y seguidos por nosotros para no morir: tantos como son los caracteres humanos. Todos suponen una lucha extenuadora de cada uno contra todos, y muchos, una suma no pequeña de aberraciones y de compromisos. El sobrevivir sin haber renunciado a nada del mundo moral propio, a no ser debido a poderosas y directas intervenciones de la fortuna, no ha sido concedido más que a poquísimos individuos superiores, de la madera de los mártires y de los santos.

En cuántos modos es posible acceder a la salvación, procuraré demostrarlo contando las historias de Schepschel, Alfred L., Elías y Henri.

Schepschel vive en el Lager desde hace cuatro años. Ha visto morir a su alrededor a decenas de millares de sus semejantes a partir del pogrom que lo ha sacado de su pueblo en Galitzia. Tenía mujer y cinco hijos, y un próspero negocio de guarnicionería, pero desde hace mucho tiempo ha dejado de pensar en sí mismo más que como un saco que debe ser llenado periódicamente. Schepschel no es muy robusto, ni muy valiente, ni muy malo; ni siquiera es particularmente astuto, y nunca ha encontrado un empleo que le conceda un poco de respiro, sino que se ha reducido a los expedientes ocasionales e intermitentes, a las *kombinacje*, como aquí las llaman.

De vez en cuando roba en la Buna una escoba y se la vende al *Blockältester*, cuando consigue ahorrar un poco de capital-pan, arrienda las herramientas del remendón del *Block*, que es su paisano, y trabaja un poco por su cuenta; sabe hacer tirantes con cable eléctrico trenzado; Sigi me ha dicho que durante el descanso de mediodía lo ha visto cantar y bailar delante de la barraca de los obreros eslovacos, que lo recompensan a veces con las sobras de su potaje.

Dicho esto, uno puede sentirse inclinado a pensar en Schepschel con indulgente simpatía, como en un mezquino cuyo espíritu no alberga más que un humilde y elemental deseo de vivir, y que lleva adelante valerosamente su pequeña lucha para no sucumbir. Pero Schepschel no es una excepción, y cuando se presentó la ocasión no dudó en hacer condenar a la fustigación a Moischl que había sido su cómplice en un hurto en la cocina, con la esperanza mal fundada de hacer méritos ante los ojos del *Blockältester* y de promover su candidatura al puesto de lavador de marmitas.

La historia del ingeniero Alfred L. demuestra, entre otras cosas, cuán vano es el mito de la igualdad original de los hombres.

L. dirigía en su país una importantísima fábrica de productos químicos, y su nombre era (y es) conocido en los ambientes industriales de Europa. Era un hombre robusto de unos cincuenta años; no sé cómo fue arrestado, pero en el campo había entrado como entraban todos: desnudo, solo y desconocido. Cuando yo lo conocí estaba muy echado a perder, pero conservaba en la cara los rasgos de una energía disciplinada y metódica; en aquel tiempo, sus privilegios se limitaban a la limpieza diaria de la marmita de los obreros polacos; este trabajo, del que había obtenido no sé cómo la exclusividad, le rendía media escudilla de sopa al día. No bastaba ciertamente esto para satisfacer su hambre; sin embargo, nadie lo había oído nunca lamentarse. Por el contrario, las palabras que dejaba caer eran tales como para hacer pensar en grandiosos recursos secretos, en una «organización» sólida y fructífera.

Cosa que su aspecto confirmaba. L. tenía «una línea»: las manos y la cara siempre perfectamente limpias, tenía la rarísima abnegación de lavarse cada quince días la camisa, sin esperar al cambio bimestral (hagamos notar aquí que lavar la camisa quiere decir encontrar el jabón, encontrar tiempo, encontrar sitio en el lavadero lleno de gente; avenirse a vigilar atentamente, sin desviar los ojos un instante, la camisa mojada, y ponérsela, naturalmente, todavía mojada, a la hora de silencio, en la que se apagan las luces); tenía un par de chanclos de madera para ir a la ducha y, finalmente, su traje a rayas era singularmente apropiado para su talla, limpio y nuevo. L. se había procurado en sustancia todo el aspecto de prominente bastante antes de serlo: ya que sólo mucho tiempo después he sabido que toda esta ostentación de prosperidad se la había sabido ganar L. con increíble tenacidad, pagando cada una de las adquisiciones y servicios con el pan de su misma ración, y constriñéndose así a un régimen de privaciones suplementarias.

Su plan era para un futuro lejano, lo que es tanto más notable cuanto que había sido concebido en un ambiente en el que dominaba la mentalidad de lo provisional; y L. lo llevó a cabo con rígida disciplina interior, sin piedad para consigo mismo ni, con más razón, para con los compañeros que se le cruzaban en el camino. L. sabía que entre el ser considerado poderoso y el llegar a serlo, el paso es corto y que, en todas partes, pero particularmente en medio de la general nivelación del Lager, un aspecto respetable es la mejor garantía de ser respetado. Dedicó todos sus cuidados a no ser confundido con el rebaño: trabajaba con ímpetu ostentoso, exhortando también en ocasiones a los compañeros con tono persuasivo y deprecatorio; evitaba la lucha cotidiana por el mejor puesto en la cola del rancho y se adaptaba a recibir todos los días la primera ración, notoriamente más líquida, de modo que el *Blockältester* lo advirtiese por su disciplina. Para completar su despego, en las relaciones con los compañeros se comportaba siempre con la mayor cortesía compatible con su egoísmo, que era absoluto.

Cuando fue constituido, como se dirá, el *Kommando* Químico, L. comprendió que su hora había sonado: no necesitaba sino su ropa limpia y su cara magra, sí, pero afeitada, en medio del rebaño de colegas sórdidos y desaliñados, para convencer inmediatamente al *Kapo* y al *Arbeitsdienst* de que era un auténtico salvado, un prominente en potencia; por lo que (a quien tiene, le será dado) fue inmediatamente promovido a «especializado», nombrado jefe técnico del *Kommando*, y adoptado por la dirección de la Buna como analista del laboratorio de la sección de estiroleno. Fue encargado en seguida de ir inspeccionando las nuevas adquisiciones del *Kommando* Químico, para juzgar sobre su habilidad profesional, lo que hizo siempre con extremado rigor, especialmente de cara a aquellos en quienes barruntaba posibles futuros competidores.

Ignoro la continuación de su historia, pero me parece muy probable que haya escapado a la muerte y viva hoy su fría vida de dominador resuelto y sin alegría.

Elías Lindzin, 141565, cayó un día, inexplicablemente, en el *Kommando* Químico. Era un enano, de no más de un metro y medio, pero nunca he visto musculatura como la suya. Cuando está desnudo, se le ve cada uno de sus músculos trabajar bajo la piel, potente y móvil como un animal independiente; agrandado sin alterar sus proporciones, su cuerpo sería un buen modelo para Hércules: pero no hay que mirarle la cabeza.

Bajo el cuero cabelludo, las suturas craneanas sobresalen desmesuradas. El cráneo es macizo y da la impresión de ser de metal o de piedra; se ve el límite negro de los pelos cortados apenas a un dedo por encima de las cejas. La nariz, la barbilla, la frente, los pómulos, son duros y compactos, toda la cara parece una cabeza de ariete, un instrumento hecho para golpear. De su persona emana un aire de vigor bestial.

Ver trabajar a Elías es un espectáculo desconcertante; los *Meister* polacos, los mismos alemanes se paran a veces para admirar a Elías en acción. Parece que nada le resulta imposible. Mientras nosotros acarreamos a duras penas un saco de cemento, Elías carga con dos, luego tres, luego cuatro, manteniéndolos en equilibrio no se sabe cómo, y mientras anda rápidamente sobre las piernas cortas y enanas, hace muecas bajo la carga, se ríe, insulta, ruge y canta sin parar, como si tuviese pulmones de bronce. Elías, a pesar de los chanclos de madera, se encarama como un simio en los andamios y corre seguro por las vigas suspensas en el vacío; lleva seis ladrillos por vez basculándole en la cabeza; sabe hacerse una cuchara de un pedazo de chapa, y un cuchillo de desecho de acero; encuentra por doquier papel, leña y carbón seco y sabe encender en pocos instantes un fuego, incluso bajo la lluvia. Sabe el oficio de sastre, el de carpintero, el de zapatero, el de barbero; escupe a distancias increíbles; canta, con voz de bajo no desagradable, canciones polacas y yiddish nunca oídas antes; puede ingerir seis, ocho, diez litros de sopa sin vomitar y sin tener diarrea, y reanuda el trabajo inmediatamente después. Sabe hacer que le salga entre los hombros una gruesa joroba y camina alrededor de la barraca patituerto y contrahecho, chillando y declamando de manera incomprensible, entre las risas de los poderosos del campo. Lo he visto luchar con un polaco que le llevaba una cabeza y derribarlo de un cabezazo en el estómago, potente y preciso como una catapulta. Jamás lo he visto descansar, nunca lo he visto callado o quieto, no lo he sabido herido o enfermo.

De su vida de hombre libre nadie sabe nada; por lo demás, representarse a Elías en traje de hombre libre exige un profundo esfuerzo de la fantasía y de la inducción. No habla más que polaco y el yiddish torvo y deforme de Varsovia; además, es imposible conversar con él de manera coherente. Podría tener veinte o cuarenta años; generalmente dice que tiene treinta y tres y que ha tenido diecisiete hijos; lo que no es inverosímil. Habla continuamente de los temas más distintos; siempre con voz tonante, con acento oratorio, con violenta mímica de esquizofrénico. Como si siempre se dirigiese a un público muy nutrido: y, como es natural, el público no le falta nunca. Los que entienden su lenguaje se beben sus palabras declamatorias retorciéndose de risa, le golpean los hombros duros entusiasmados, lo estimulan a proseguir; mientras él, feroz y enfurruñado, se revuelve como una fiera entre el corro de espectadores, apostrofando ora a éste ora a aquél; de repente coge a uno por el pecho con su pequeña garra ganchuda, lo atrae hacia sí irresistiblemente, le vomita en la cara atónita una incomprensible invectiva, después lo arroja hacia atrás como si fuese una gavilla y, entre aplausos y risas, con los brazos alzados hacia el cielo como un pequeño y monstruoso profeta, continúa su discurso furibundo y enloquecido.

Su fama de trabajador excepcional se difundió bastante pronto y, gracias a la absurda ley del Lager, desde entonces dejó prácticamente de trabajar. Su trabajo era directamente solicitado por el *Meister* para aquellas faenas tan sólo en las que fuesen necesarios una pericia y un vigor particulares. Aparte de estas prestaciones, vigilaba, insolente y violento, nuestra vulgar faena cotidiana, eclipsándose con frecuencia para hacer misteriosas visitas aventureras en quién sabe qué rincones del tajo, de donde volvía con grandes bultos en los bolsillos y frecuentemente con el estómago visiblemente lleno.

Elías es natural e inocentemente ladrón: manifiesta en esto la instintiva astucia de los animales salvajes. Nunca es cogido con las manos en la masa, porque no roba más que cuando se presenta una ocasión segura: pero cuando ésta se presenta, Elías roba, fatal y previsiblemente, como cae una piedra que se arroja. Aparte el hecho de que es difícil sorprenderlo, es claro que de nada serviría castigarlo por sus hurtos, puesto que no son más que un acto vital como cualquier otro, como respirar y dormir.

Puede preguntarse uno ahora qué clase de hombre es este Elías. Si se trata de un loco, incomprensible y extrahumano, que ha acabado en el Lager por casualidad. Si es un atavismo, extraño a nuestro mundo moderno y mejor adaptado a las primordiales condiciones de vida del campo. O si, por el contrario, no será un producto del campo, el que todos nosotros acabaremos por ser si es que en el campo no morimos, si no se acaba antes el mismo campo.

Hay algo de verdad en las tres suposiciones. Elías ha sobrevivido a la destrucción de afuera porque es físicamente indestructible; ha resistido a la aniquilación interior porque es un demente. Es, pues, en primer lugar, un superviviente: es el más adaptado, el ejemplar humano más idóneo para este modo de vivir.

Si Elías recobra la libertad se verá confinado al margen del consorcio humano, en una cárcel o en un manicomio. Pero aquí, en el Lager, no hay criminales ni locos: no hay criminales porque no hay una ley moral que infringir; no hay locos porque estamos programados y toda acción nuestra es, en cuanto a tiempo y lugar, sensiblemente la única posible.

En el Lager Elías prospera y triunfa. Es un buen trabajador y un buen organizador, y por esta doble razón está asegurado contra las selecciones y es respetado por los jefes y los compañeros. Para quien no tenga sólidos remedios internos, para quien no sepa sacar de la conciencia de sí mismo la fuerza necesaria para aferrarse a la vida, el único camino de salvación conduce a Elías: a la demencia y a la bestialidad traicionera. Ninguno de los demás caminos tiene salida.

Dicho esto, quizás alguien se vería tentado a sacar conclusiones, y hasta a deducir normas, para la vida cotidiana. ¿No habrá alrededor de nosotros algunos Elías más o menos consumados? ¿No vemos vivir a individuos sin objetivo ninguno, y negados a toda forma de autocontrol y de conciencia?; éstos no viven *a pesar* de estos fallos, sino, precisamente, como Elías, en función de ellos.

La cuestión es grave, y no será ulteriormente discutida,

porque éstas quieren ser historias del Lager, y sobre el hombre de fuera del Lager ya se ha escrito mucho. Pero aún me gustaría añadir algo: Elías, por cuanto me es posible juzgar desde fuera, y por cuanto la frase pueda tener de significativo, Elías era verosímilmente un individuo feliz.

Henri es en cambio eminentemente social y culto, y su estilo de supervivencia en el Lager cuenta con una teoría completa y orgánica. Sólo tiene veintidós años; es inteligentísimo, habla francés, alemán, inglés y ruso, tiene una óptima cultura científica y literaria.

Su hermano ha muerto en la Buna el invierno pasado, y desde aquel día Henri se ha desvinculado de todo afecto; se ha encerrado en sí mismo como en una coraza y lucha para vivir sin distraerse, con todos los recursos que puede obtener de su inteligencia pronta y de su educación refinada. Según la teoría de Henri, para huir de la aniquilación tres son los métodos que el hombre puede poner en práctica sin dejar de ser digno de llamarse hombre: la organización, la compasión y el hurto.

Él mismo practica los tres. Nadie es mejor estratega que Henri para sonsacar («cultivar» dice él) a los prisioneros de guerra ingleses. Éstos se convierten, en sus manos, en auténticas gallinas de los huevos de oro: piénsese que del cambio de un solo cigarrillo inglés se obtiene lo suficiente para el hambre de todo un día. Henri ha sido sorprendido un día en el momento de comerse un auténtico huevo duro.

El tráfico de las mercancías de procedencia inglesa es un monopolio de Henri, y hasta aquí se trata de organización; pero su instrumento de penetración, con los ingleses y con los demás, es la piedad. Henri tiene el cuerpo y la cara delicados y sutilmente perversos del San Sebastián del Sodoma: sus ojos son negros y profundos, todavía no tiene barba, se mueve con lánguida y natural elegancia (aunque cuando es necesario sabe correr y saltar como un gato, y la capacidad de su estómago es apenas inferior a la de Elías). Henri tiene perfecta conciencia de sus dotes naturales, y les saca partido con la fría competencia de quien maneja un instrumento científico: los resultados son sorprendentes. Se trata, en el fondo, de un descubrimiento: Henri ha descubierto que la compasión, siendo un sentimiento primario e irreflexivo, se compagina bastante bien, si es hábilmente instilada, incluso con los ánimos primitivos de los brutos que nos mandan, de los mismos que no tienen reparo en derribarnos a golpes sin porqué, y a patearnos una vez en el suelo, y no se le ha escapado la gran importancia práctica de este descubrimiento, sobre el que ha montado su industria personal.

Como el icneumón paraliza a las gordas orugas peludas hiriéndolas en su único ganglio vulnerable, así aprecia Henri, con una mirada, al sujeto, *son type*; le habla brevemente, a cada uno con el lenguaje apropiado, y el «type» es conquistado: escucha con creciente simpatía, se conmueve con la suerte del joven desventurado, y no hace falta mucho tiempo para que empiece a rendirle provecho.

No hay alma tan endurecida en la que Henri no consiga abrir brecha, si se pone a ello seriamente. En el Lager, y también en la Buna, sus protectores son numerosísimos: soldados ingleses, obreros civiles franceses, ucranianos, polacos; «políticos» alemanes: cuatro *Blockälteste* por lo menos, un cocinero, hasta un SS. Pero su campo preferido es el *Ka-Be*; en el *Ka-Be* tiene entrada libre, el doctor Citron y el doctor Weiss son, más que sus protectores, sus amigos, y lo asilan cuando quiere y con el diagnóstico que quiere. Eso sucede especialmente a la vista de las selecciones y en los períodos de trabajo más gravosos: a «invernar», dice él.

Disponiendo de tan importantes amistades, es natural que Henri raramente se vea reducido a la tercera vía, al hurto; por otra parte, se comprende que, sobre este asunto, no se confíe de buena gana.

Es muy agradable conversar con Henri en los momentos de descanso. Hasta es útil: nada hay en el campo que no conozca y sobre lo que no haya hablado a su modo exacto y coherente. De sus conquistas habla con educada modestia como de presas de poca cuenta, pero se extiende con gusto cuando explica el cálculo que lo ha llevado a aproximarse a Hans preguntándole por el hijo que tiene en el frente, y a Otto enseñándole las cicatrices que tiene en las espinillas.

Hablar con Henri es útil y agradable; hasta sucede a veces que al oírle afectuoso y cercano parece posible una comunicación, quizás hasta un afecto; parece hasta percibirse el fondo humano, doliente y cómplice de su personalidad no común. Pero al momento siguiente su sonrisa triste se hiela en una mueca triste que parece estudiada ante un espejo; Henri pide cortésmente perdón *(...j'ai quelque chose à faire, ...j'ai quelqu'un à voir)*, y helo de nuevo enteramente entregado a su caza y a su lucha: duro y lejano, encerrado en su coraza, enemigo de todos, inhumanamente listo e incomprensible como la Serpiente del Génesis.

De todos los coloquios con Henri, incluso de los más cordiales, he salido siempre con una ligera sensación de derrota; con la sospecha confusa de haber sido yo también, de alguna manera inadvertida, no un hombre frente a él, sino un instrumento en sus manos.

Hoy sé que Henri está vivo. Daría cualquier cosa por saber de su vida de hombre libre, pero no quiero volver a verlo.

Examen de química

El *Kommando* 98, llamado *Kommando* Químico, habría debido ser un departamento de especialistas.

El día en que se anunció oficialmente su constitución, un flaco grupo de quince *Häftlinge* se reunió con el nuevo *Kapo*, en la plaza de la Lista, a la luz gris del alba.

Fue el primer chasco: era otra vez un «triángulo verde»; un delincuente profesional, el *Arbeitsdienst* no había juzgado necesario que el *Kapo* del *Kommando* Químico fuese un químico. Inútil gastar saliva en hacerle preguntas, no habría respondido, o respondido con gritos y patadas. Por lo demás, tranquilizaba su apariencia no demasiado robusta y su estatura inferior a la media.

Pronunció un breve discurso en desgarrado alemán de cuartel y el chasco quedó confirmado. Aquéllos eran, pues, los químicos: bueno, él era Alex, y si pensaban entrar en el paraíso, se equivocaban. En primer lugar, hasta el día del principio de la producción, el *Kommando* 98 no sería más que un vulgar *Kommando* de transportes agregado al almacén de Cloruro de Magnesio. Después, si se creían, por ser *Intelligenten*, intelectuales, que iban a jugar con él, Alex, un *Reichsdeutscher*, bien, *Herrgottsacrament*, él les haría ver, los iba a... (y, con el puño cerrado y el índice tieso, cortaba el aire de través con el gesto de amenaza de los alemanes); y finalmente, no debían pensar en engañar a nadie, si alguno se había presentado como químico sin serlo; un examen, sí señores, uno de los próximos días; un examen de química, ante el triunvirato del Departamento de Polimerización: el *Doktor* Hagen, el *Doktor* Probst y el *Doktor Ingenieur* Pannwitz.

Con lo que, *meine Herren*, se había perdido ya bastante tiempo, los *Kommandos* 96 y 97 ya estaba funcionando, al frente march y, para empezar, quien no caminase al paso y alineado tendría que vérselas con él.

Era un *Kapo* como todos los demás *Kapos*.

Al salir del Lager, ante la banda de música y el puesto de conteo de los SS, se marcha en filas de cinco, con la gorra en la mano, los brazos colgando inmóviles a lo largo de los costados y el cuello tieso, y no se debe hablar. Después se va en formación de tres, y entonces se puede tratar de cambiar algunas palabras a través del repiqueteo de los diez mil pares de zuecos de madera.

¿Quiénes son estos químicos compañeros míos? Junto a mí camina Alberto, es estudiante de tercer año, también esta vez ha logrado que no nos separemos. Al tercero a mi izquierda no lo he visto nunca, parece muy joven, es pálido como la cera, tiene el número de los holandeses. También las tres filas de delante de mí son nuevas. Detrás, es peligroso volverse, podría perderse el paso y tropezar; pero pruebo durante un momento, he visto la cara de Iss Clausner.

Mientras se anda no hay tiempo de pensar, hay que tener cuidado de no sacarle los zuecos al que cojea delante y de no hacérselos sacar uno por el que renquea detrás; de vez en cuando hay un cable que salvar, un charco viscoso que evitar. Sé dónde estamos, por aquí ya he pasado con mi *Kommando* anterior, es la H-Strasse, la calle de los almacenes. Se lo digo a Alberto: vamos de verdad al Cloruro de Magnesio, por lo menos esto no ha sido un cuento.

Hemos llegado, bajamos a un vasto sótano húmedo y lleno de corrientes de aire; ésta es la sede del *Kommando*, la que aquí se llama *Bude*. El *Kapo* nos divide en tres escuadras; cuatro para descargar los sacos del vagón, siete para traerlos abajo, cuatro para apilarlos en el almacén. Estos últimos somos yo, Alberto, Iss y el holandés.

Por fin se puede hablar, y a cada uno de nosotros lo que ha dicho Alex nos parece el sueño de un loco.

Con nuestras caras vacías, con nuestras cabezas rapadas, con estos trajes vergonzosos, dar un examen de química. Y será en alemán, evidentemente; y deberemos comparecer ante cualquier rubio *Ario Doktor* con la esperanza de no tener que sonarnos, porque quizás no sepa que no tenemos pañuelo, y seguro que no se podrá explicárselo. Y tendremos encima a nuestra vieja compañera, el hambre, y nos esforzaremos en que no nos tiemblen las piernas, y él notará nuestro olor, al que ya estamos acostumbrados, pero que nos persigue los primeros días; el olor de las coles y de los nabos crudos, cocidos y digeridos.

Así es, nos asegura Clausner. ¿Tienen los alemanes tanta necesidad de productos químicos? ¿O es un nuevo truco, una nueva máquina *pour fair chier les Juifs*? ¿Se dan cuenta de la prueba grotesca y absurda a que van a someternos, a los que ya no estamos vivos, a los que estamos medio locos en la triste espera de la nada?

Clausner me enseña el fondo de su escudilla. Allí donde los demás graban su número, y Alberto y yo hemos grabado nuestro nombre, Clausner ha escrito: *Ne pas chercher à comprendre.*

Aunque no pensamos más que unos minutos al día, y de una manera despegada y exterior, sabemos bien que vamos a acabar en la selección. Yo sé que no soy del paño de los que aguantan, soy demasiado culto, pienso todavía demasiado, me consumo con el trabajo. Y ahora sé también que me salvaré si me convierto en Especialista, y me convertiré en Especialista si supero un examen de química.

Hoy, este verdadero hoy en el que estoy sentado a una mesa y escribo, yo mismo no estoy convencido de que estas cosas hayan sucedido de verdad.

Pasaron tres días, tres de los acostumbrados días inmemorables, tan largos mientras pasaban y tan breves después de haber pasado, y ya todos se habían cansado de creer en el examen de química.

El *Kommando* se reducía ya a doce hombres: tres habían desaparecido de la manera allí acostumbrada, quizás en la barraca de al lado, tal vez borrados del mundo. De los doce, cinco no eran químicos; los cinco le habían pedido en seguida a Alex volver a sus anteriores *Kommandos*. No evitaron los golpes, pero inesperadamente, y quién sabe por qué autoridad, se decidió que se quedasen como auxiliares del *Kommando* Químico.

Vino Alex a la bodega del Cloromagnesio y nos llamó afuera a los siete para que fuésemos a dar examen. Henos, como siete polluelos torpes detrás de la clueca, siguiendo a Alex por la escalerilla del *Polymerisations-Büro*. Estamos en el rellano, una chapa en la puerta con los tres nombres famosos. Alex llama tímidamente, se quita la gorra, entra; se oye una voz sosegada; Alex sale:

—*Ruhe, jetzt. Warten* (esperad en silencio).

De esto, estamos contentos. Cuando se espera, el tiempo pasa solo, sin que haya que empujarlo, pero, en cambio, cuando se trabaja, cada minuto nos atraviesa fatigosamente y debe ser expulsado laboriosamente. Siempre estamos contentos de esperar, somos capaces de esperar durante horas con la completa y obtusa inercia de las arañas en las viejas telas.

Alex está nervioso, pasea de acá para allá, y nosotros nos apartamos a su paso. También nosotros, cada uno a su manera, estamos inquietos; sólo Mendi no lo está. Mendi es rabino; es de la Rusia subcarpática, de aquel ovillo de pueblos en el que cada uno habla por lo menos tres lenguas, y Mendi habla siete. Sabe muchísimas cosas, además de rabino y sionista militante, y glotólogo, ha sido *partigiano* y es doctor en leyes; no es químico pero quiere probar también, es un hombrecillo tenaz, valiente y agudo.

Bálla tiene un lápiz y todos están a su lado. No estamos seguros de si sabremos todavía escribir, nos gustaría probar.

Kohlenwasserstoffe, Massenwirkungsgesetz. Me afloran los nombres alemanes de las composiciones químicas y de las leyes: estoy agradecido a mi cerebro, no me he ocupado mucho de él y, sin embargo, todavía me sirve tan bien...

He aquí a Alex. Yo soy un químico: ¿qué tengo que ver con este Alex? Se planta delante de mí, me compone el cuello de la chaqueta, me quita la gorra y me la encasqueta bien, después da un paso atrás, escudriña el resultado con aire disgustado y me vuelve la espalda refunfuñando:

—*Was für ein Muselmann Zugang?* (¡qué nueva desaliñada adquisición!).

La puerta se ha abierto. Los tres doctores han decidido que seis candidatos pasarán por la mañana. El séptimo, no. El séptimo soy yo, tengo el número de matrícula más alto, me toca volver al trabajo. Sólo por la tarde viene Alex a sacarme; qué desdicha, no podré hablar con los otros para saber «qué preguntas hacen».

Esta vez va de veras. Por la escalera, Alex me mira torvamente, se siente de algún modo responsable de mi aspecto miserable. Me odia porque soy italiano, porque soy judío y porque, de entre todos, soy el que más se aparta de su caporalesco ideal viril. Por analogía, aunque sin entender nada, y orgulloso de esta incompetencia suya, ostenta una profunda desconfianza en cuanto a mis probabilidades en el examen.

Hemos entrado. El *Doktor* Pannwitz está solo, Alex, con la gorra en la mano, le habla a media voz:

—... un italiano, sólo tres meses en el Lager, ya medio *kaputt... Er sagt er ist Chemiker...* —pero él, Alex, parece que tiene sus reservas al respecto.

Alex es despedido en seguida y relegado aparte, y yo me siento como Edipo ante la Esfinge. Mis ideas no son claras, y también me doy cuenta en este momento de que la apuesta es grande; y sin embargo experimento un loco impulso de desaparecer, de sustraerme a la prueba.

Pannwitz es alto, delgado, rubio; tiene los ojos, el pelo y la nariz como todos los alemanes deben tenerlos, y está formidablemente sentado detrás de un complicado escritorio. Yo, *Häftling* 174517, estoy en pie en su estudio, que es un verdadero estudio, que brilla de limpio y ordenado, y me parece que voy a dejar una mancha sucia donde tenga que tocar.

Cuando hubo terminado de escribir, levantó los ojos y me miró.

Desde aquel día he pensado en el *Doktor* Pannwitz muchas veces y de muchas maneras. Me he preguntado cuál sería su funcionamiento íntimo de hombre; cómo llenaría su tiempo fuera de la Polimerización y de la conciencia indogermánica; sobre todo, cuando he vuelto a ser hombre libre, he deseado encontrarlo otra vez, y no ya por venganza sino sólo por mi curiosidad frente al alma humana.

Porque aquella mirada no se cruzó entre dos hombres; y si yo supiese explicar a fondo la naturaleza de aquella mirada, intercambiada como a través de la pared de vidrio de un acuario entre dos seres que viven en medios diferentes, habría explicado también la esencia de la gran locura de la tercera Alemania.

Lo que todos nosotros pensábamos y decíamos de los alemanes se percibió en aquel momento de manera inmediata. El cerebro que controlaba aquellos ojos azules y aquellas manos cuidadas decía: «Esto que hay ante mí pertenece a un género al que es obviamente indicado suprimir. En este caso particular, conviene primero cerciorarse de que no contiene ningún elemento utilizable». Y en mi cabeza, como pepitas en una calabaza vacía: «Los ojos azules y el pelo rubio son esencialmente malvados. Ninguna comunicación posible. Soy especialista en química minera. Soy especialista en síntesis orgánica. Soy especialista...».

Y comenzó el interrogatorio, mientras Alex bostezaba y refunfuñaba en su rincón, Alex, el tercer ejemplar zoológico.

—*Wo sind Sie Geboren?* —me trata de *Sie*, de usted: el *Doktor Ingenieur* Pannwitz no tiene sentido del humor. Maldito sea, no hace el más mínimo esfuerzo por hablar un alemán un poco comprensible.

—Me he doctorado en Turín el 1941, *summa cum laude* —y, mientras lo digo, tengo la exacta sensación de no ser creído, a decir la verdad no, lo creo yo mismo, basta mirar mis manos sucias y llagadas, mis pantalones de forzado con costras de fango. Y sin embargo soy yo mismo, el doctor de Turín, es más, particularmente en este momento es imposible dudar de mi identidad con él, puesto que el depósito de recuerdos de química orgánica, incluso después de la larga inercia, responde a mis instancias con inesperada docilidad; y, también, esta ebriedad lúcida, esta exaltación que siento cálida por mis venas, cómo la reconozco, es la fiebre de los exámenes, *mi* fiebre de *mis* exámenes, aquella espontánea movilización de todas las facultades lógicas que tanto me envidiaban mis compañeros de facultad.

El examen está saliendo bien. Conforme me voy dando cuenta, me parece que aumento de estatura. Ahora me pregunta sobre qué tema he hecho la tesis de doctorado. Debo hacer un esfuerzo violento para suscitar estas secuencias de recuerdos tan profundamente lejanas: es como si tratase de recordar acontecimientos de una encarnación anterior.

Hay algo que me protege. Mis pobres viejas «Medidas de constantes dieléctricas» interesan especialmente a este ario rubio de existencia segura: me pregunta si sé inglés, me enseña el libro de Gattermann, y también esto es absurdo e inverosímil, que allá, al otro lado del alambre espinoso, exista un Gattermann idéntico en todo al que yo estudiaba en Italia, durante el cuarto curso, en mi casa.

Se acabó: la excitación que me ha sostenido a lo largo de toda la prueba cede de golpe y contemplo entontecido la mano de piel rubia que, con signos incomprensibles, escribe mi destino en la página blanca.

—Los, ab!

Alex vuelve a entrar en escena, estoy de nuevo bajo su jurisdicción. Saluda a Pannwitz con un taconazo, y no obtiene a cambio más que un levísimo gesto de los párpados. Titubeo durante un momento en busca de una fórmula de despedida apropiada: en vano, en alemán sé decir comer, trabajar, robar, morir; también sé decir ácido sulfúrico, presión atmosférica y generador de ondas cortas, pero no sé cómo se puede saludar a una persona de respeto.

Henos de nuevo en la escalera. Alex salta los peldaños, lleva zapatos de piel porque no es judío, va tan ligero sobre sus pies como los diablos de Malasbolsas. Se vuelve desde abajo mirándome torvamente, mientras bajo torpe y ruidoso con mis zuecos desparejados y enormes, agarrándome a la barandilla como un viejo.

Parece que la cosa ha salido bien, pero sería insensato hacerse ilusiones. Conozco lo bastante el Lager para saber que no se deben aventurar nunca previsiones, en especial si son optimistas. Lo que es cierto es que he pasado un día sin trabajar y que esta noche tendré un poco menos de hambre, y ésta es una ventaja concreta y que ya me he asegurado.

Para volver a la Buna hay que atravesar un espacio lleno de vigas y de armazones metálicos apilados. El cable de acero de un cabrestante corta el camino, Alex lo agarra para saltarlo, Donnerwetter se mira la mano, negra de grasa viscosa. Mientras tanto he llegado junto a él: sin odio y sin escarnio, Alex restriega la mano por mi espalda, la palma y el dorso, para limpiársela, y se habría asombrado, el inocente bruto Alex, si alguien le hubiese dicho que tomando por patrón esta acción suya yo lo juzgo hoy a él, a él y a Pannwitz y a los innumerables que fueron como él, grandes y pequeños, en Auschwitz y dondequiera.

El canto de Ulises

Estábamos seis raspando y limpiando el interior de una cisterna subterránea; la luz del día nos llegaba únicamente a través de la pequeña portezuela de entrada. Era un trabajo de lujo, porque nadie nos vigilaba; pero hacía frío y estaba húmedo. El polvo de la herrumbre nos quemaba debajo de los párpados y nos empastaba la garganta y la boca con un sabor casi a sangre.

Osciló la escalerilla de cuerda que colgaba de la portezuela: alguien llegaba. Deutsch apagó el cigarrillo, Goldner despertó a Sivadjan; todos nos pusimos a rascar vigorosamente la sonora pared de planchas.

No era el *Vorarbeiter*, no era más que Jean, el *Pikolo* de nuestro *Kommando*. Jean era un estudiante alsaciano; aunque tenía veinticuatro años, era el *Häftling* más joven del *Kommando* Químico. Por eso le había tocado el cargo de *Pikolo*, es decir de pinche letrado, afecto a la limpieza de la barraca, a la entrega de las herramientas, al lavado de las escudillas, a la contabilidad de las horas de trabajo del *Kommando*.

Jean hablaba fluidamente francés y alemán: apenas se reconocieron sus zapatos en el peldaño más alto, todos dejaron de raspar.

—*Also, Pikolo, was gibt es Neues?*

—*Qu'est-ce qu'il y a comme soupe aujourd'hui?*

... ¿de qué humor estaba el *Kapo*? ¿Y el asunto de los veinticinco latigazos a Stern? ¿Qué tal tiempo hacía fuera? ¿Había leído el periódico? ¿A qué olía la cocina civil? ¿Qué hora era?

A Jean lo querían mucho en el *Kommando*. Hay que saber que el cargo de *Pikolo* es un grado bastante elevado en la jerarquía de las Prominencias: el *Pikolo* (que generalmente no tiene más de diecisiete años) no trabaja manualmente, tiene carta blanca en los fondos de la marmita del rancho y puede estar todo el día junto a la estufa: «por eso» tiene derecho a media ración suplementaria y tiene grandes probabilidades de convertirse en amigo y confidente del *Kapo*, del que recibe oficialmente la ropa y los zapatos usados. Ahora bien, Jean era un *Pikolo* excepcional. Era despabilado y físicamente robusto, y al mismo tiempo pacífico y amigable: aun conduciendo con tenacidad y coraje su secreta lucha individual contra el campo y contra la muerte, no se olvidaba de mantener relaciones humanas con los compañeros menos privilegiados; por otra parte, había sido tan hábil y perseverante que se había ganado la confianza de Alex, el *Kapo*.

Alex había cumplido todas sus promesas. Se había mostrado como bicho violento y traidor, acorazado en su sólida y compacta ignorancia y estupidez, excepción hecha de su olfato y su técnica de cómitre experto y consumado. No perdía ocasión de proclamarse orgulloso de su sangre pura y de su triángulo verde, y mostraba un altanero desprecio por sus químicos andrajosos y hambrientos: «Ihr Doktoren! Ihr Intelligenten!», se carcajeaba todos los días al verlos amontonarse con las escudillas tendidas durante la distribución del rancho. Con los *Meister* civiles era extremadamente dúctil y servil, y con los SS mantenía vínculos de cordial amistad.

Se sentía manifiestamente intimidado por el registro del *Kommando* y por el informe diario de las prestaciones, y éste era el camino que el *Pikolo* había escogido para hacérsele necesario. Había sido una faena lenta, cauta y sutil que todo el *Kommando* había observado durante un mes con el aliento entrecortado; pero, al final, el reducto del puercoespín fue penetrado, y *Pikolo* confirmado en el cargo, con satisfacción de todos los interesados.

Aun cuando Jean no abusase de su posición, ya habíamos

podido comprobar que una palabra suya, dicha con el tono oportuno y en el momento oportuno, surtía gran efecto; ya había servido muchas veces para salvar a alguno de nosotros del látigo o de la denuncia a los SS. Hacía una semana que éramos amigos: nos habíamos encontrado en la excepcional ocasión de una alarma aérea, pero después, víctimas del ritmo feroz del Lager, no habíamos podido más que saludarnos de pasada, en las letrinas, en el lavadero.

Colgado con una mano de la escala oscilante, me indicó:

—*Aujourd'hui c'est Primo qui viendra avec moi chercher la soupe.*

Hasta la fecha había sido Stern, el transilvano bizco; ahora, éste había caído en desgracia por no sé qué historia de escobas robadas en el almacén, y *Pikolo* había conseguido hacer triunfar mi candidatura como ayuda en el *Essenholen*, en la *corvée* cotidiana del rancho.

Trepó afuera, y yo lo seguí, batiendo los párpados en el esplendor del día. Estaba templado, el sol levantaba de la tierra grasienta un ligero color a barniz y a alquitrán que me recordaba a una playa cualquiera de mi infancia. *Pikolo* me dio uno de los dos palos y echamos a andar bajo un claro cielo de junio.

Empezaba a darle las gracias, pero me interrumpió, no hacía falta. Se veían los Cárpatos cubiertos de nieve. Respiré el aire fresco, me sentía insólitamente ligero.

—*Tu es fou de marcher si vite. On a le temps, tu sais.*

El rancho se retiraba a un kilómetro de distancia; había que volver después con la marmita de cincuenta kilos enfilada en los palos. Era un trabajo bastante pesado pero suponía una agradable marcha de ida sin carga, y la ocasión, siempre deseable, de acercarse a las cocinas.

Acortamos el paso. *Pikolo*, hábil, había elegido diestramente el camino de modo que tendríamos que dar una vuelta larga, caminando por lo menos una hora, sin levantar sospechas. Hablábamos de nuestras casas, de Estrasburgo y de Turín, de nuestras lecturas, de nuestros estudios. De nuestras madres: ¡cuánto se parecen todas las madres! También su madre le reprochaba que no supiese nunca cuánto dinero llevaba en el bolsillo; también su madre se habría asombrado si hubiese sabido que se las arreglaba, que día tras día se las arreglaba.

Pasó un SS en bicicleta. Es Rudi, el *Blockführer*. Parada, firmes, quitarse la gorra.

—*Sale brute, celui-là. Ein ganz gemeiner Hund.*

¿Le resulta indiferente hablar francés o alemán? Le resulta indiferente, puede pensar en ambas lenguas. Ha estado un mes en la Liguria, le gusta Italia, querría aprender italiano. Me alegrará enseñarle italiano: ¿no podemos arreglarlo? Podemos. Enseguida, una cosa vale tanto como otra, lo importante es no perder tiempo, no desperdiciar esta hora.

Pasa Limentani, el romano, arrastrando los pies, con una escudilla escondida bajo la chaqueta. *Pikolo* está atento, coge cualquier palabra de nuestro diálogo y la repite riendo:

—*Zup-pa, cam-po, ac-qua.*

Pasa Frenkel, el espía. Aceleremos el paso, nunca se sabe, ése hace el mal por gusto.

...El canto de Ulises. Quién sabe por qué me he acordado de él: pero no tenemos tiempo de escoger, esta hora ya no es una hora. Si Jean es inteligente, lo entenderá. Lo entenderá: hoy me siento capaz de todo.

...Quién es Dante. Qué es la *Comedia*. Qué sensación curiosa de novedad se siente si se procura explicar brevemente lo que es la *Divina Comedia*. Cómo está dividido el Infierno, qué es la contrapasión. Virgilio es la Razón, Beatriz la Teología.

Jean está atentísimo, y yo empiezo, lento y con cuidado:

> Y de la antigua llama el más saliente
> de los cuernos torcióse murmurando
> cual llama que del viento se resiente;
> luego se fue la punta meneando

como si fuese lengua y así hablara
y echó fuera la voz y dijo: «Cuando...

Me paro aquí y trato de traducir. Desastroso: ¡pobre Dante y pobre francés! Sin embargo, parece que el experimento promete: Jean admira la rara similitud de la lengua y me sugiere el término apropiado para traducir *antica*.

¿Y después de «Cuando»? La nada. Un agujero en la memoria. *Prima che si Enea la nominasse*. Otro agujero. Sale a flote un fragmento no utilizable: ¿*la piéta Del vecchio padre, né'l debito amore Che doveva Penelope far lieta*... será exacto?

...quise por alta mar aventurarme.

De éste sí, de éste estoy seguro, estoy en condiciones de explicárselo a *Pikolo*, de distinguir por qué *misi me* no es *je me mis*, es mucho más fuerte y más audaz, es una atadura rota, es lanzarse a sí mismo más allá de una barrera, nosotros conocemos bien este impulso. La altamar abierta: *Pikolo* ha viajado por mar y sabe lo que quiere decir, es cuando el horizonte se cierra sobre sí mismo, libre, recto y simple, y no hay más que olor a mar: dulce cosa ferozmente lejana.

Hemos llegado al *Kraftwerk*, donde trabaja el *Kommando* de los tendidos eléctricos. Aquí debe de estar el ingeniero Levi. Míralo, se ve sólo la cabeza fuera de la zanja. Me saluda con la mano, es un hombre en forma, no lo he visto nunca bajo de moral, no habla nunca de comidas.

Mare aperto. Mare aperto. Sé que rima con *diserto*: ...*quella compagna Picciola, dalla qual non fui diserto*, pero no recuerdo si viene antes o después. Y también el viaje, el temerario viaje más allá de las columnas de Hércules, qué tristeza, no tengo más remedio que contarlo en prosa: un sacrilegio. No he salvado más que un verso, pero vale la pena detenerse en él:

...que al navegante niegan la franquía.

Si metta: tenía que venir al Lager para darme cuenta de que es la misma expresión de antes *e misi me*. Pero no se lo digo a Jean, no estoy seguro de que sea una observación importante. Cuántas otras cosas habría que decir, y el sol ya está alto, pronto será mediodía. Tengo prisa, una prisa furibunda.

Mira, atento *Pikolo*, abre los oídos y la mente, necesito que entiendas:

> «Considerad», seguí, «vuestra ascendencia:
> para vida animal no habéis nacido,
> sino para adquirir virtud y ciencia»,

Como si yo lo sintiese también por vez primera: como un toque de clarín, como la voz de Dios. Por un momento, he olvidado quién soy y dónde estoy.

Pikolo me pide que lo repita. Qué buena persona es *Pikolo*, se ha dado cuenta de que me está haciendo el bien. O quizás se trata de algo más: quizás, a pesar de la traducción floja y el comentario pedestre y presuroso, ha recibido el mensaje, ha sentido que le atañe, que atañe a todos los hombres en apuros, y a nosotros en especial; y que nos atañe a nosotros dos, que osamos hablar de estas cosas con los palos de la sopa en los hombros.

> A mis hombres de tal suerte he movido...,

... y me esfuerzo, pero en vano, por explicar cuántas cosas quiere decir este *acuti*. Aquí, otra laguna esta vez irreparable. *Lo lume era di sotto della luna* o algo parecido; ¿y antes? Ninguna idea, *keine Ahnung* como se dice aquí. Que me perdone *Pikolo*, se me han olvidado, por lo menos, cuatro tercetos.

—*Ca ne fait rien, vas-y tout de même.*

> ... cuando mostróse una montaña, bruna
> por la distancia; y se elevaba tanto
> que tan alta no vi jamás ninguna.

Sí, sí, *alta tanto*, no *molto alta*, proposición consecutiva. Y las montañas, cuando se ven de lejos... las montañas... oh *Pikolo*, *Pikolo*, di algo, habla, no me dejes pensar en mis montañas, que se aparecían en el color oscuro de la tarde cuando volvía en tren de Milán a Turín.

Basta, hay que continuar, éstas son cosas que se piensan pero no se dicen. *Pikolo* espera y me mira.

Daría el potaje de hoy por saber juntar *non ne avevo alcuna* con el final. Me esfuerzo en reconstruir por medio de las rimas, cierro los ojos, me muerdo los dedos: pero de nada sirve, lo demás es silencio. Me bailan en la cabeza otros versos: *... la terra lagrimosa diede vento...*, no, es otra cosa. Es tarde, hemos llegado a la cocina, hay que terminar:

> ... con las aguas tres veces girar le hace
> y a la cuarta la popa es elevada,
> se hunde la proa —que a otro así le place—.

Detengo a *Pikolo*, es absolutamente necesario y urgente, que escuche, que comprenda este *come altrui piacque*, antes de que sea demasiado tarde, mañana él o yo podemos estar muertos, o no volver a vernos, debo hablarle, explicarle lo de la Edad Media, del tan humano y necesario y sin embargo inesperado, anacronismo, y de algo más, de algo gigantesco que yo mismo sólo he visto ahora, en la intuición de un instante, tal vez el porqué de nuestro destino, de nuestro estar hoy aquí...

Estamos ya en la cola del potaje, en medio de la masa sórdida y harapienta de los portasopas de los otros *Kommandos*. Los recién llegados se amontonan a la espalda. *Kraut und Rüben?*, *Kraut und Rüben*. Se anuncia oficialmente que el potaje de hoy es de coles y nabos: *Choux et navets. Kapotszka és répak*.

> «... y nos cubre por fin la mar airada».

Los acontecimientos del verano

Durante toda la primavera habían llegado transportes de Hungría; un prisionero de cada dos era húngaro, el húngaro se había convertido, después del yiddish, en la segunda lengua del campo.

En el mes de agosto de 1944, nosotros, internados cinco meses antes, nos contábamos ya entre los veteranos. Como tales, nosotros, los del *Kommando* 98, no nos habíamos asombrado de que las promesas hechas y el examen de química aprobado no hubiesen tenido consecuencias: ni asombrados ni demasiado tristes: en el fondo, todos teníamos cierto temor a los cambios: «Cuando se cambia, se cambia para peor», decía uno de los proverbios del campo. Mas en general la experiencia nos había demostrado ya infinitas veces la vanidad de toda previsión: ¿con qué objeto esforzarse en prever el porvenir cuando ninguno de nuestros actos, ninguna de nuestras palabras lo habría podido influenciar en lo más mínimo? Éramos viejos *Häftlinge*; nuestra sabiduría consistía en «no tratar de entender», ni imaginarse el futuro, no atormentarse por cómo y cuándo acabaría todo: no hacer y no hacerse preguntas.

Conservábamos los recuerdos de nuestra vida anterior, pero velados y lejanos, y por ello profundamente dulces y tristes, como lo son para todos los recuerdos de la primera infancia y de todas las cosas acabadas; mientras para cada uno el momento de la entrada en el campo se encontraba en el origen de una diferente secuencia de recuerdos, cercanos y duros éstos, continuamente confirmados por la experiencia presente, como heridas que vuelven a abrirse a diario.

Las noticias, sabidas en el tajo, del desembarco aliado en Normandía, de la ofensiva rusa y del frustrado atentado contra Hitler, habían levantado oleadas de esperanzas violentas pero efímeras. Cada uno sentía, día tras día, que le abandonaban las fuerzas, que el deseo de vivir se desvanecía, que la mente se oscurecía; y Normandía y Rusia eran cosas lejanas, y el invierno estaba tan cerca; tan concretas el hambre y la desolación, y tan irreal todo lo demás, que no parecía posible que verdaderamente existiese un mundo y un tiempo, sino nuestro mundo de fango, y nuestro tiempo estéril y estancado al que ahora éramos incapaces de imaginar un final.

Para los hombres vivos, las unidades de tiempo tienen siempre un valor, tanto mayor cuanto más grandes son los recursos interiores de quien las recorre; pero para nosotros, horas, días, y meses retrocedían tórpidos del futuro al pasado, siempre demasiado lentos, materia vil y superflua de la que tratábamos de deshacernos lo más pronto posible. Concluido el tiempo en que los días se sucedían vivaces, preciosos e irreparables, el futuro estaba ante nosotros gris e inarticulado, como una barrera invencible. Para nosotros, la historia estaba parada.

Pero en agosto del 44 empezaron los bombardeos de la Alta Silesia, y se prolongaron, con pausas y reanudaciones irregulares, durante todo el verano y el otoño hasta la crisis definitiva.

El monstruoso y concorde trabajo de gestación de la Buna se detuvo bruscamente y pronto degeneró en una actividad deshilvanada, frenética y paroxística. El día en que la producción de la goma sintética habría debido comenzar, que en agosto parecía inminente, fue poco a poco retrasado, y los alemanes acabaron por no hablar más del asunto.

El trabajo de construcción cesó; la fuerza del desmesurado rebaño de esclavos fue dirigida a otra parte, y se hizo de día en día más levantisca y pasivamente hostil. A cada incursión, había siempre nuevos daños que reparar; desmontar e inmovilizar la delicada maquinaria pocos días antes puesta en funcionamiento con grandes esfuerzos; construir apresuradamente refugios y protecciones que a la primera prueba se revelaban irónicamente inconsistentes e inútiles.

Nos habíamos creído que cualquier cosa habría sido preferible a la monotonía de las jornadas iguales y encarnizadamente largas, a la rudeza sistemática y ordenada de la Buna en funcionamiento; pero hemos tenido que cambiar de opinión cuando la Buna ha empezado a caerse a pedazos alrededor de nosotros, como herida por una maldición de la que nosotros mismos nos sentíamos comprendidos. Hemos tenido que sudar entre el polvo y los escombros ardientes, y temblar como bestias, aplastados contra el suelo bajo la furia de los aviones; volvíamos al anochecer al campo, deshechos de cansancio y secos de sed, en los crepúsculos larguísimos y ventosos del verano polaco, y encontrábamos el campo en pleno desbarajuste, sin agua para beber y lavarse, sin potaje para las venas vacías, sin luz para defender el propio mendrugo de pan del hambre del otro, y para encontrar, por la mañana, el calzado y la ropa en la lobreguez vacía y llena de gritos del *Block*.

En la Buna se enfurecían los alemanes civiles, con el furor del hombre seguro que se despierta de un largo sueño de dominio y ve su ruina y no sabe comprenderla. También los *Reichsdeutsche* del Lager, comprendidos los políticos, sintieron en el momento del peligro el vínculo de la sangre y del suelo. El hecho nuevo condujo el enredo de los odios y de las incomprensiones a sus términos elementales, y dividió aún más los dos campos: los políticos, juntamente con los triángulos verdes y los SS, veían o creían ver en cada una de nuestras caras la burla del desquite y la triste alegría de la venganza. Como se sentían unidos por ello, su ferocidad aumentó.

Ningún alemán podía olvidar ahora que nosotros estábamos de la otra parte: de parte de los terribles sembradores que surcaban el cielo alemán como dueños, por encima de todas las barreras, y retorcían el hierro vivo de sus obras, llevando todos los días el estrago hasta dentro de sus casas, de las casas del pueblo alemán nunca antes violadas.

En cuanto a nosotros, estábamos demasiado destruidos para sentir verdadero temor. Los pocos que todavía podían juzgar y sentir rectamente, sacaron de los bombardeos nueva fuerza y esperanza; aquellos a los que el hambre no había reducido aún a la inercia definitiva, aprovecharon con frecuencia los momentos de pánico general para emprender expediciones doblemente temerarias (puesto que, además del riesgo directo de las incursiones, el hurto consumado en condiciones de emergencia era condenado a la horca) a la cocina de la fábrica y a los almacenes. Pero la mayor parte soportó el nuevo peligro y las nuevas incomodidades con inmutable indiferencia: no se trataba de una resignación consciente, sino del torpor opaco de las bestias domadas a palos, a las que ya no les duelen los palos.

A nosotros, el acceso a los refugios acorazados nos estaba prohibido. Cuando la tierra empezaba a temblar, nos arrastrábamos, aturdidos y renqueantes, a través de los humos corrosivos de las cortinas de humo, hasta las vastas áreas incultas, sórdidas y estériles, comprendidas en el recinto de la Buna; allí yacíamos inertes, amontonados los unos contra los otros como muertos, sensibles sin embargo a la momentánea dulzura de los miembros en reposo. Mirábamos con ojos atónitos las columnas de humo surgir en torno a nosotros: en los momentos de tregua, llenos del leve zumbido amenazante que todos los europeos conocen, arrancábamos del suelo cien veces pisoteado las achicorias y las escasas camomilas, y las masticábamos en silencio.

Una vez terminada la alarma, volvíamos desde todas partes a nuestros puestos, rebaño mudo innumerable, acostumbrado a la ira de los hombres y de las cosas; y reanudábamos aquel trabajo nuestro de siempre, odiado como siempre, y además claramente inútil e insensato en aquellos momentos.

En este mundo sacudido más profundamente cada día por los temblores del final cercano, entre nuevos terrores y esperanzas e intervalos de esclavitud exacerbada, sucedió que me encontré con Lorenzo.

La historia de mi relación con Lorenzo es al mismo tiempo larga y breve, sencilla y enigmática; es ésta una historia de un tiempo y de unas condiciones ya borradas por la realidad presente, y por ello no creo que pueda ser comprendida sino como se comprenden hoy los acontecimientos de la leyenda y de la historia más remota.

En términos concretos, se reduce a poca cosa: un obrero civil italiano me trajo un pedazo de pan y las sobras de su rancho todos los días y durante seis meses; me dio una camiseta suya llena de remiendos; escribió para mí una carta a Italia y me hizo recibir la respuesta. Por todo esto, no pidió ni aceptó ninguna recompensa, porque era bueno y simple, y no pensaba que se debiese hacer el bien por una recompensa.

Todo esto no debe parecer poco. Mi caso no ha sido el único; como ya se ha dicho, otros de nosotros mantenían relaciones de varias clases con civiles, y obtenían de qué sobrevivir: pero eran relaciones de naturaleza distinta. Nuestros compañeros hablaban de ellas con el mismo tono ambiguo y lleno de sobreentendidos con que los hombres de mundo hablan de sus relaciones femeninas: es decir, como de aventuras de las que uno puede sentirse orgulloso y por las que se desea ser envidiado, las cuales, sin embargo, incluso para las conciencias más paganas, se mantienen siempre al margen de lo lícito y de lo honesto; por lo que sería incorrecto e inconveniente hablar de ellas con demasiada complacencia. Así hablaban los *Häftlinge* de sus «protectores» y «amigos civiles» con ostentosa discreción, sin dar nombres, para no comprometerlos y, también y sobre todo, para no crearse indeseables rivales. Los más consumados, seductores profesionales como Henri, no hablaban de esto; envolvían sus asuntos en una aura de equívoco misterio y se limitaban a indicios y alusiones calculados de modo que suscitasen en los oyentes la leyenda confusa e inquietante de que gozaban del favor de civiles infinitamente potentes y generosos. Esto, en vista de un fin muy preciso: la fama improvisada, como he dicho en otro lugar, se muestra de fundamental utilidad a quien sabe rodearse de ella.

La fama de seductor, de «organizado», suscita al mismo tiempo envidia, burla, desprecio y admiración. Quien se deja ver en el acto de comer género «organizado» es juzgado bastante severamente; es ésta una grave falta de pudor y de tacto, además de una evidente estupidez. Igual de estúpido e impertinente sería preguntar «¿quién te lo ha dado?, ¿dónde lo has encontrado?, ¿qué has hecho?». Sólo los Números Altos, bobos, inútiles e indefensos, que nada saben de las reglas del Lager, hacen esta clase de preguntas; a estas preguntas, no se responde, o se responde *Verschwinde, Mensch!*, *Hau'ab*, *Uciekaj*, *Schiess' in den Wind*, *Va chier*; con uno, en fin, de los muchísimos equivalentes de «¡Quítate de en medio!» en que es rica la jerga del campo.

Hay también quien se especializa en complicadas y pacientes campañas de espionaje para identificar al civil o al grupo de civiles con los que el tal se entiende, y trata luego de varios modos de suplantarle. Nacen de ello interminables controversias de prioridad, más amargas para el perdedor por el hecho de que un civil ya «trabajado» es casi siempre más rentable, y sobre todo más seguro, que un civil en su primer contacto con nosotros. Es un civil que vale mucho más por evidentes razones sentimentales y técnicas: conoce ya los fundamentos de la «organización», sus reglas y sus peligros, y además ha demostrado estar en condiciones de superar la barrera de casta.

En realidad, para los civiles somos los intocables. Los civiles, más o menos explícitamente y con todos los matices que hay entre el desprecio y la conmiseración, piensan que por haber sido condenados a esta vida nuestra, por estar reducidos a esta condición nuestra, debemos estar manchados por alguna misteriosa y gravísima culpa. Nos oyen hablar en muchas lenguas diferentes que no comprenden y que suenan a sus oídos grotescas como voces de animales; nos ven innoblemente sometidos, sin pelo, sin honor y sin nombre, golpeados a diario, más abyectos cada día, y nunca descubren en nuestros ojos una chispa de rebeldía, de paz ni de fe. Nos saben ladrones e indignos de confianza, enfangados, andrajosos y hambrientos y, confundiendo el efecto con la causa, nos juzgan dignos de nuestra abyección. ¿Quién podría distinguir nuestras caras? Para ellos somos *Kazett*, neutro singular.

Naturalmente, esto no impide a muchos de ellos echarnos a veces un mendrugo de pan o una patata, o confiarnos, después de la distribución de la *Zivilsuppe* en la cantera, sus escudillas para que las raspemos y se las devolvamos lavadas. Les induce a ello el haber captado de paso alguna importuna mirada famélica, o bien un impulso momentáneo de humanidad, o la simple curiosidad de vernos acudir de todas partes para disputarnos el bocado los unos a los otros, bestialmente y sin recato, hasta que el más fuerte se lo zampa, y, entonces, todos los demás se ven afrentados y renqueantes.

Ahora bien, entre Lorenzo y yo no sucede nunca nada de esto. Por el sentido que pueda tener tratar de explicar las causas por las que mi vida, entre millares de otras equivalentes, ha podido resistir la prueba, diré que creo que es a Lorenzo a quien debo el estar hoy vivo; y no tanto por su ayuda material como por haberme recordado constantemente con su presencia, con su manera tan llana y fácil de ser bueno, que todavía había un mundo justo fuera del nuestro, algo y alguien todavía puro y entero, no corrompido ni salvaje, ajeno al odio y al miedo; algo difícilmente definible, una remota posibilidad de bondad, debido a la cual merecía la pena salvarse.

Los personajes de estas páginas no son hombres. Su humanidad está sepultada, o ellos mismos la han sepultado, bajo la ofensa súbita o infligida a los demás. Los SS malvados y estúpidos, los *Kapos*, los políticos, los criminales, los prominentes grandes y pequeños, hasta los *Häftlinge* indiferenciados y esclavos, todos los escalones de la demente jerarquía querida por los alemanes, están paradójicamente emparentados por una unitaria desolación interna.

Pero Lorenzo era un hombre; su humanidad era pura e incontaminada, se encontraba fuera de este mundo de negación. Gracias a Lorenzo no me olvidé yo mismo de que era un hombre.

Octubre de 1944

Con todas nuestras fuerzas hemos luchado para que no llegase el invierno. Nos hemos agarrado a todas las horas tibias, y a cada puesta de sol hemos procurado sujetar el sol en el cielo todavía un poco, pero todo ha sido inútil. Ayer por la tarde el sol se ha puesto irrevocablemente en un enredo de niebla sucia, de chimeneas y de cables, y esta mañana es invierno.

Sabemos lo que quiere decir, porque estábamos aquí el invierno pasado, y los demás lo aprenderán pronto. Quiere decir que, en el curso de estos meses, de octubre a abril, de cada diez de nosotros, morirán siete. Quien no se muera sufrirá minuto por minuto, día por día, durante todos los días: desde la mañana antes del alba hasta la distribución del potaje vespertino, deberá tener constantemente los músculos tensos, dar saltos primero sobre un pie y luego sobre el otro, darse palmadas bajo los sobacos para resistir el frío. Deberá gastar pan para procurarse guantes, y perder horas de sueño para repararlos cuando estén descosidos. Como no se podrá comer nunca al aire libre, tendremos que consumir nuestro pienso en la barraca, de pie, disponiendo cada uno de un palmo de pavimento, y apoyarse en las literas está prohibido. A todos se nos abrirán heridas en las manos, y para conseguir una venda habrá que esperar toda la tarde durante horas y de pie en la nieve y al viento.

Del mismo modo que nuestra hambre no es la sensación de quien ha perdido una comida, así nuestro modo de tener frío exigiría un nombre particular. Decimos «hambre», decimos «cansancio», «miedo» y «dolor», decimos «invierno», y son otras cosas. Son palabras libres, creadas y empleadas por hombres libres que vivían, gozando y sufriendo, en sus casas. Si el Lager hubiese durado más, un nuevo lenguaje áspero habría nacido; y se siente necesidad de él para explicar lo que es trabajar todo el día al viento, bajo cero, no llevando encima más que la camisa, los calzoncillos, la chaqueta y unos calzones de tela, y, en el cuerpo, debilidad y hambre y conciencia del fin que se acerca.

Del mismo modo en que se ve desvanecerse una esperanza, así ha llegado el invierno esta mañana. Nos hemos dado cuenta cuando hemos salido del barracón para ir a lavarnos: no había estrellas, el aire oscuro y frío olía a nieve. En la plaza de la Lista, bajo la primera luz, al reunirnos para el trabajo, nadie ha hablado. Cuando hemos visto los primeros copos de nieve, hemos pensado que si el año pasado en esta época nos hubiesen dicho que íbamos a ver otro invierno en el Lager, nos habríamos dirigido a tocar el tendido eléctrico; y también lo haríamos ahora si fuésemos lógicos, si no fuera por este insensato y loco residuo de inconfesable esperanza.

Porque «invierno» quiere decir todavía una cosa más.

La primavera pasada los alemanes han construido dos enormes tiendas en una explanada de nuestro Lager. Cada una, durante el buen tiempo, ha hospedado a más de mil hombres; ahora, las tiendas han sido desmontadas y un exceso de dos mil hombres se hacinan en nuestras barracas. Nosotros, los veteranos prisioneros, sabemos que estas irregularidades no les gustan a los alemanes y que pronto sucederá algo que haga disminuir nuestro número.

La selección se siente llegar. *Selekcja*: la híbrida palabra latina y polaca se oye una vez, dos veces, muchas veces, intercalada en conversaciones extranjeras; al principio no se la individualiza, después se impone a la atención, finalmente nos persigue.

Esta mañana, los polacos dicen *Selekcja*. Los primeros son los que primero saben las noticias, y generalmente procuran que no se difundan, porque saber algo mientras los demás no lo saben todavía puede resultar ventajoso. Cuando todos sepan que la selección es inminente, lo poquísimo que cada uno podría intentar para escurrirse (corromper con pan o con tabaco a algún médico o a algún prominente; pasar de la barraca al *Ka-Be* o viceversa en el momento exacto, de manera que se cruce uno con la comisión) será su monopolio.

En los días siguientes, la atmósfera del Lager y de la cantera está saturada de *Selekcja*: nadie sabe nada preciso y todos hablan de ello, hasta los obreros libres, polacos, italianos, franceses, que vemos a escondidas durante las horas de trabajo. No se puede decir que se produzca una ola de abatimiento. Nuestra moral colectiva está demasiado desarticulada y aplastada para que sea inestable. La lucha contra el hambre, el frío y el trabajo deja poco margen al pensamiento, aun tratándose de este pensamiento. Cada cual reacciona a su manera, pero casi ninguno con las actitudes que parecerían más plausibles por ser realistas, es decir con la resignación o con la desesperación.

Quien puede tomar providencias, las toma; pero son los menos, porque sustraerse a la selección es muy difícil, los alemanes hacen estas cosas con gran seriedad y diligencia.

Quien no puede prevenirse materialmente trata de defenderse de otro modo. En los retretes, en el lavadero, nos enseñamos el uno al otro el pecho, las nalgas, los muslos, y los compañeros se tranquilizan: «Puedes estar tranquilo, seguro que esta vez no te toca... *du bist kein Muselmann*... más bien yo», y al mismo tiempo se bajan los pantalones y se levantan la camisa.

Ninguno niega a otro esta limosna: ninguno está tan seguro de su suerte como para tener el valor de condenar a otro. Yo mismo he mentido descaradamente al viejo Wertheimer; le he dicho que, si lo interrogan, responda que tiene cuarenta y cinco años y que no se olvide de afeitarse la tarde antes, aun a costa de quitarse de la boca un cuarto de pan; que, aparte de esto, no debe alimentar temores, y que además no es nada cierto que se trate de una selección para el gas: ¿no le ha oído decir al *Blockältester* que los seleccionados irán al campo de convalecencia de Jaworszno?

Es absurdo que Wertheimer tenga esperanzas: aparenta sesenta años, tiene gruesas varices, casi no siente el hambre. Y sin embargo se va a la litera sereno y tranquilo y, a quien le hace preguntas, le responde con mis palabras; son las palabras de orden del campo durante estos días: yo mismo las he repetido como, con menos detalles, me las he sentido recitar por Jaim, que está en el Lager desde hace tres años y, como es fuerte y robusto, está admirablemente seguro de sí; y le he creído.

Sobre esta exigua base también yo he atravesado la gran selección de octubre de 1944 con inconcebible tranquilidad. Estaba tranquilo porque había logrado mentirme cuanto era necesario. El hecho de que yo no haya sido elegido ha dependido sobre todo del azar y no demuestra que mi confianza estuviese bien fundada.

También Monsieur Pinkert es, a priori, un condenado: basta con mirarle a los ojos. Me llama con una seña, y me cuenta con aire confidencial que ha sabido, de qué fuente no puede decírmelo, que, efectivamente, esta vez hay una novedad: la Santa Sede, por medio de la Cruz Roja Internacional... en fin, me asegura personalmente que, tanto para él como para mí, de la manera más absoluta, está excluido todo peligro: cuando civil, era, como es sabido, agregado a la embajada belga en Varsovia.

De varios modos pues, también estos días de vigilia, que cuando se habla de ellos, parece que deberían haber sido tormentosos más allá de todo límite humano, pasan de una manera no muy diferente que los demás.

La disciplina del Lager y de la Buna no se relaja en modo alguno; el trabajo, el frío y el hambre son suficientes para acaparar toda nuestra atención.

Hoy es domingo de trabajo, *Arbeitssonntag*: se trabaja hasta las trece, después se vuelve al campo para la ducha, el afeitado y el control general de la sarna y de los piojos y, en el tajo, misteriosamente, todos hemos sabido que la selección será hoy.

La noticia ha llegado, como siempre, rodeada de un halo de detalles contradictorios y recelos: esta misma mañana ha habido una selección en la enfermería; el porcentaje ha sido del siete, del treinta, del cincuenta por ciento del total de los enfermos. En Birkenau, la chimenea del Crematorio humea desde hace diez días. Hay que hacerle sitio a una enorme expedición que va a llegar del *ghetto* de Posen. Los jóvenes dicen a los jóvenes que serán elegidos todos los viejos. Los sanos dicen a los sanos que sólo serán elegidos los enfermos. Serán excluidos los especialistas. Serán excluidos los judíos alemanes. Serán excluidos los Números Bajos. Serás elegido tú. Seré excluido yo.

Con toda normalidad, a partir de las trece en punto, el taller se vacía y la formación gris e interminable desfila durante dos horas hacia los dos puestos de control, donde como todos los días somos contados y recontados, ante la orquesta que, durante horas sin interrupción, toca como todos los días las marchas con las que, a la entrada y a la salida, debemos sincronizar nuestros pasos.

Parece que todo marcha como todos los días, la chimenea de la cocina humea como de costumbre, ya ha empezado la distribución del potaje. Pero luego se ha oído la campana, y ahora hemos comprendido que va en serio.

Porque esta campana suena siempre al alba, y entonces es la diana, pero cuando suena a media jornada quiere decir *Blocksperre*, encierro en la barraca, y esto sucede cuando hay selección, para que nadie se sustraiga a ella y, cuando los seleccionados salgan hacia el gas, para que nadie los vea partir.

Nuestro *Blockältester* conoce su oficio. Se ha cerciorado de que todos hemos entrado, ha hecho cerrar la puerta con llave, ha dado a cada uno la ficha en que constan la matrícula, el nombre, la profesión, la edad y la nacionalidad, y ha dado orden de que todos se desnuden completamente quedándose sólo con el calzado. De este modo, desnudos y con la ficha en la mano, esperaremos a que la comisión llegue a nuestra barraca. Nosotros somos la barraca 48, pero no se puede prever si se empezará por la barraca 1 o por la 60. De todos modos, podemos estar tranquilos durante una hora por lo menos, y no hay motivo alguno para que no nos metamos bajo las mantas de las literas para calentarnos.

Ya dormitan muchos cuando un desencadenamiento de órdenes, de blasfemias y de golpes indica que la comisión está llegando. El *Blockältester* y sus ayudantes, a gritos y puñetazos, a partir del fondo del dormitorio, empujan hacia adelante a la turba de desnudos asustados y los apiñan dentro del *Tagesraum*, que es la Comandancia. El *Tagesraum* es un cuarto de siete metros por cuatro: cuando la caza ha terminado, dentro del *Tagesraum* está comprimida una masa humana caliente y compacta que invade y rellena perfectamente todos los rincones y ejerce en las paredes de madera una presión que las hace crujir.

Ahora estamos todos en el *Tagesraum* y además de no haber tiempo, ni siquiera hay espacio para tener miedo. La sensación de la carne caliente que oprime por todo alrededor de uno es singular y no es desagradable. Hay que procurar tener la nariz en alto para encontrar aire, y no arrugar o perder la ficha que tenemos en la mano.

El *Blockältester* ha cerrado la puerta del *Tagesraum* que da al dormitorio y ha abierto las otras dos que, del *Tagesraum* y del dormitorio dan al exterior. Aquí, delante de las dos puertas, está el árbitro de nuestro destino, que es un suboficial de las SS. Tiene a la derecha al *Blockältester*, a la izquierda al furriel de la barraca. Cada uno de nosotros, saliendo desnudos del *Tagesraum* al frío aire de octubre, debe dar corriendo los pocos pasos que hay entre las puertas delante de los tres, entregar la ficha al SS y entrar por la puerta del dormitorio. El SS, en la fracción de segundo entre las dos pasadas sucesivas, con una mirada de frente y de espaldas, decide la suerte de cada uno y entrega a su vez la ficha al hombre que está a su derecha o al hombre que está a su izquierda, y esto es la vida o la muerte de cada uno de nosotros. En tres o cuatro minutos, una barraca de doscientos hombres está «terminada» y, durante la tarde, el campo entero de doce mil hombres.

Yo, inmovilizado en la carnicería del *Tagesraum*, he sentido gradualmente disminuir la presión humana en torno a mí, y pronto me ha tocado el turno. Como todos, he pasado con paso enérgico y elástico, procurando llevar la cabeza alta, el pecho fuera y los músculos contraídos y marcados. Con el rabillo del ojo, he procurado ver a mi espalda y me ha parecido que mi ficha ha ido a la derecha.

Conforme íbamos volviendo al dormitorio, podíamos vestirnos. Nadie conoce ahora con seguridad el propio destino, hay que saber primero con seguridad si las fichas condenadas son las pasadas a la derecha o a la izquierda. Ahora no es el caso de tener consideraciones los unos con los otros ni de tener escrúpulos supersticiosos. Todos se amontonan en torno a los más viejos, a los más desnutridos, a los más «musulmanes»; si sus fichas han ido a la izquierda, la izquierda es con toda seguridad el lado de los condenados.

Antes de que la selección haya terminado, todos saben ya que la izquierda ha sido efectivamente la «*schlechte Seite*», el lado infausto. Hay, naturalmente, irregularidades: René, por ejemplo, tan joven y robusto, ha terminado en la izquierda: quizás porque tiene gafas, quizás porque anda un poco encorvado como los miopes, pero más probablemente por un simple descuido: René ha pasado delante de la comisión inmediatamente antes que yo, y podría haberse producido un cambio de fichas. Lo pienso, hablo con Alberto y convenimos en que la hipótesis es verosímil: no sé lo que pensaré mañana y después; hoy, la cosa no despierta en mí ninguna emoción precisa.

Del mismo modo, también ha debido de haber un error en el caso de Sattler, un macizo campesino transilvano que veinte días antes estaba en su casa; Sattler no entiende alemán, no ha comprendido nada de lo que ha sucedido y está en un rincón remendándose la camisa. ¿Debo ir a decirle que la camisa ya no va a servirle?

No hay por qué asombrarse de estas equivocaciones: el examen es muy rápido y sumario y, por otra parte, para la administración del Lager, lo importante no es tanto que sean eliminados precisamente los inútiles, como que queden rápidamente libres los sitios de acuerdo con determinado tanto por ciento preestablecido.

En nuestra barraca, la selección ha terminado, pero continúa en las otras, por lo que ahora estamos en clausura. Pero puesto que, mientras tanto, han llegado los bidones de potaje, el *Blockältester* decide proceder sin más a su distribución. A los seleccionados se les distribuirá una ración doble. No he sabido nunca si ésta sería una iniciativa absurdamente compasiva del *Blockältester* o una explícita disposición de los SS, pero de hecho, en el intervalo de dos o tres días (también a veces mucho más largo) entre la selección y la partida, las víctimas de Monowitz-Auschwitz disfrutan de este privilegio.

Ziegler presenta la escudilla, recibe la ración normal y se queda esperando. «¿Qué más quieres?», le pregunta el *Blockältester*: no le parece que a Ziegler le toque suplemento, lo aparta de un empujón, pero Ziegler vuelve e insiste humildemente: me han puesto de verdad a la izquierda, todos lo han visto, que vaya el *Blockältester* a consultar las fichas: tiene derecho a ración doble. Cuando la ha conseguido, se va tan tranquilo a la litera y empieza a comérsela.

Ahora todos están raspando atentamente con la cuchara el fondo de la escudilla para sacar las últimas pizcas de potaje, y se forma un trasteo sonoro que quiere decir que la jornada ha terminado. Poco a poco, prevalece el silencio y entonces, desde mi litera que está en el tercer piso, se ve y se oye que el viejo Kuhn reza, en voz alta, con la gorra en la cabeza y oscilando el busto con violencia. Kuhn da gracias a Dios porque no ha sido elegido.

Kuhn es un insensato. ¿No ve, en la litera de al lado, a Beppo el griego que tiene veinte años y pasado mañana irá al gas, y lo sabe, y está acostado y mira fijamente a la bombilla sin decir nada y sin pensar en nada? ¿No sabe Kuhn que la próxima vez será la suya? ¿No comprende Kuhn que hoy ha sucedido una abominación que ninguna oración propiciatoria, ningún perdón, ninguna expiación de los culpables, nada, en fin, que esté en poder del hombre hacer, podrá remediar ya nunca?

Si yo fuese Dios, escupiría al suelo la oración de Kuhn.

Kraus

Cuando llueve uno querría poder llorar. Estamos en noviembre, llueve desde hace diez días y la tierra es como el fondo de un pantano. Todas las cosas de madera huelen a moho.

Si pudiese dar diez pasos a la izquierda, hasta donde está el cobertizo, estaría a salvo; me bastaría con un saco para cubrirme la espalda, o tan sólo la esperanza de un fuego donde secarme; o quizás con un trapo seco que meterme entre la camisa y el espinazo. Lo pienso, entre una palada y otra, y me convenzo de que tener un trapo seco sería una auténtica felicidad.

Es imposible estar ya más mojado; lo único que hace falta es procurar moverse lo menos posible, y sobre todo no hacer movimientos nuevos, no sea que cualquier otra porción de piel se ponga en contacto sin necesidad con la ropa empapada y gélida.

Es una suerte que hoy no sople el viento. Es extraño, de alguna manera se tiene siempre la impresión de tener suerte, de que cualquier circunstancia, tal vez infinitesimal, nos sujeta junto al abismo de la desesperación y nos permite vivir. Llueve, pero no sopla el viento. O tal vez llueve y sopla el viento: pero sabes que esta tarde te toca a ti el suplemento de potaje y, entonces, también hoy encuentras fuerzas para superar la tarde. O incluso tienes lluvia, viento y el hambre cotidiana, y entonces piensas que si no te quedase otro remedio, si no sintieses en el corazón más que sufrimiento y tedio, como a veces sucede, que te parece en verdad yacer en el fondo, pues bien, aun entonces pensamos que si queremos, en cualquier momento, siempre podemos llegarnos hasta la alambrada eléctrica y tocarla o arrojarnos bajo los trenes que maniobran, y entonces dejaría de llover.

Desde esta mañana estamos clavados en el fango, hasta los muslos, sin mover nunca los pies de los dos agujeros que han hecho en el terreno viscoso; oscilando sobre las caderas a cada palada. Yo estoy a mitad de la excavación, Kraus y Clausner están en el fondo, Gounan por encima de mí, al nivel del suelo. Sólo Gounan puede mirar en torno a sí, y advierte con monosílabos a Kraus, de cuando en cuando, de la oportunidad de acelerar el ritmo, o eventualmente de descansar, según quien pase por el camino. Clausner pica, Kraus me sube la tierra palada a palada y yo se la subo a Gounan, que la amontona de lado. Otros hacen la lanzadera con las carretillas y llevan la tierra quién sabe a dónde, no nos interesa, hoy nuestro mundo es este agujero fangoso.

Kraus ha errado un golpe, un puñado de barro vuela y se me aplasta contra las rodillas. No es la primera vez que sucede, sin mucha confianza le advierto que tenga cuidado: es húngaro, entiende bastante mal el alemán y no sabe una palabra de francés. Es largo, largo, tiene gafas y una cara curiosa, pequeña y torcida; cuando se ríe parece un niño, y se ríe con frecuencia. Trabaja demasiado, y demasiado vigorosamente: no ha aprendido todavía nuestro arte subterráneo de economizarlo todo, el aliento, los movimientos, hasta el pensamiento. No sabe todavía que es mejor hacerse golpear, porque de los golpes en general no se muere, pero sí de cansancio, y malamente, y cuando uno se da cuenta ya es demasiado tarde. Piensa todavía... oh, no, pobre Kraus, no es un razonamiento el suyo, es tan sólo una absurda honestidad de empleadillo, se la ha traído aquí dentro, y ahora le parece que es como afuera, donde trabajar es decente y lógico, además de conveniente, porque, según dicen todos, cuanto más trabaja uno, más gana y come.

—*Regardez-moi ça! Pas si vite, idiot!* —impreca Gounan desde arriba; después se lo traduce al alemán: *Langsan, du blöder Einer, langsam, verstanden?*

Kraus puede matarse de cansancio, se sabe, pero no hoy, que trabajamos en cadena y el ritmo de nuestro trabajo es condicionado por el suyo.

Ahí está, es la sirena del Carburo, ahora se van los prisioneros ingleses, son las cuatro y media. Después pasarán las chicas ucranianas y entonces serán las cinco, podremos enderezar la espalda, y ahora sólo la marcha de retorno, la llamada y el control de los piojos nos alejarán del reposo.

Es la reunión, *Antreten* de todas partes; por todas partes se arrastran los fantoches del fango, estiran, los miembros envarados, llevan las herramientas a las barracas. Nosotros sacamos los pies del foso, cautamente para no dejarnos pegados los zuecos, y nos vamos, bamboleantes y chorreantes, a formar para la marcha de vuelta. *Zu dreien*, de tres en fondo. He procurado ponerme junto a Alberto, hoy hemos trabajado separados, tenemos que preguntarnos qué tal nos ha ido: pero alguien me ha dado un manotazo en el estómago, me he quedado detrás, mira, exactamente junto a Kraus.

Ahora partimos. El *Kapo* canta el paso con voz fuerte: *Links, links, links*; al principio duelen los pies, poco a poco uno se calienta y los nervios se distienden. También hoy, también este hoy, que esta mañana parecía invencible y eterno, lo hemos perforado a través de todos sus minutos; ahora yace concluido e inmediatamente olvidado, ya no es un día, no ha dejado rastro en la memoria de nadie. Lo sabemos, mañana será como hoy: quizás llueva un poco más o un poco menos, o quizás en vez de a cavar vayamos al Carburo a descargar ladrillos. O mañana también puede acabarse la guerra, o nos matarán a todos nosotros, o seremos trasladados a otro campo, o se realizarán algunas de las grandes innovaciones que, desde que el Lager es Lager, son incansablemente pronosticadas como inminentes y seguras. ¿Pero quién podría pensar seriamente en mañana?

La memoria es un instrumento curioso: desde que estoy en el campo me han bailado en la cabeza dos versos que ha escrito un amigo mío hace mucho tiempo:

> ... hasta que un día
> no tenga sentido decir mañana.

Aquí es así. ¿Sabéis cómo se dice «nunca» en la jerga del campo? *Morgen früh*, mañana por la mañana.

Ahora es la hora de *links, links, links und links*, la hora en que no hay que perder el paso. Kraus es torpe y ya se ha ganado un puntapié del *Kapo* porque no sabe marchar alineado: y ahora empieza a gesticular y a masticar un alemán miserable, oye, oye, quiere pedirme perdón por la paletada de barro, todavía no ha comprendido dónde estamos, hay que admitir que los húngaros son una gente muy singular.

Ir marcando el paso y pronunciar un discurso complicado en alemán es demasiado, esta vez soy yo quien me doy cuenta de que lleva mal el paso, y lo he mirado, y he visto sus ojos, detrás de las gotas de lluvia de las gafas, y eran los ojos del hombre Kraus.

Entonces sucedió algo importante, y viene a cuento contarlo ahora, quizás por la misma razón que fue oportuno que sucediese entonces. Se me ocurrió hablarle largamente a Kraus: en mal alemán, pero lento y recalcado, convenciéndome, después de cada frase, de que la había comprendido.

Le conté que había soñado que estaba en mi casa, en la casa donde había nacido, sentado con mi familia, con las piernas bajo la mesa, y encima, mucha, muchísima comida. Y estábamos en verano, y en Italia: ¿en Nápoles?... pues sí, en Nápoles, no es caso de afinar. Y de pronto, sonaba el timbre y yo me levantaba lleno de ansiedad, e iba a abrir, ¿y qué veía?

A él, el aquí presente Kraus Páli, con pelo, limpio y gordo, y vestido de hombre libre, y con una hogaza en la mano. Dos kilos, todavía caliente. Entonces *Servus, Páli, wie geht's?* y me sentía lleno de alegría, y le decía que entrase y le explicaba a mi familia quién era, y que venía de Budapest, y por qué estaba tan mojado: porque estaba empapado, así, como ahora. Y le daba de comer y de beber, y después una buena cama para dormir, y era de noche, pero había una maravillosa tibieza gracias a la cual en un momento estábamos todos secos (sí, porque también yo estaba muy mojado).

Qué buen muchacho debía ser Kraus de paisano: no vivirá mucho tiempo aquí dentro, esto se advierte a la primera mirada y se demuestra como un teorema. Siento no saber húngaro, ahora que su emoción ha roto los diques e irrumpe en una marea de estrambóticas palabras magiares. No he podido entender más que mi nombre, pero de estos gestos solemnes se deduciría que jura y augura.

Pobre tonto de Kraus. Si supiese que no es verdad, que no he soñado nada de él, que para mí tampoco es él nada, sino durante un instante, nada como todo es nada aquí abajo, salvo el hambre dentro, y el frío y la lluvia alrededor.

Die drei Leute vom Labor

¿Cuántos meses han pasado desde que entramos en el campo? ¿Cuántos desde el día en que me dieron de alta en el *Ka-Be*? ¿Y desde el día del examen de química? ¿Y desde la selección de octubre?

Alberto y yo nos hacemos a veces estas preguntas, y también otras muchas. Éramos noventa y siete cuando entramos, nosotros, los italianos del convoy ciento setenta y cuatro mil; sólo veintinueve hemos sobrevivido hasta octubre, y de éstos ocho se han ido con la selección. Ahora somos veintiuno y apenas si ha empezado el invierno. ¿Cuántos llegaremos vivos al año nuevo? ¿Cuántos a la primavera?

Desde hace unas semanas las incursiones han cesado; la lluvia de noviembre se ha convertido en nieve y la nieve ha cubierto las ruinas. Los alemanes y los polacos van al trabajo con las botas de goma, los cubreorejas de pelo y los monos puestos, los prisioneros ingleses con sus maravillosas pellizas. En nuestro Lager no han distribuido capotes más que a algunos privilegiados; somos un *Kommando* especializado que, en teoría, no trabaja más que a cubierto: por eso nos hemos quedado con el uniforme de verano.

Somos los químicos y por eso trabajamos con los sacos de fenilbeta. Hemos despejado el almacén después de las primeras incursiones, en pleno verano: la fenilbeta se nos pegaba por debajo de la ropa a los miembros sudados y nos roía como una lepra; la piel se nos caía de la cara en gruesas escamas quemadas. Luego se han interrumpido las incursiones y hemos devuelto los sacos al almacén. Después el almacén ha sido alcanzado y hemos puesto los sacos en la cantina de la Sección Estireno. Ahora, el almacén ha sido reparado y otra vez hay que apilar en él los sacos. El olor agudo de la fenilbeta impregna nuestro único traje y nos acompaña de día y de noche con nuestra sombra. Hasta el momento, las ventajas de ser del *Kommando* Químico se han reducido a éstas: los demás han recibido los capotes y nosotros no; los demás han llevado sacos de cincuenta kilos de cemento, y nosotros sacos de sesenta kilos de fenilbeta. ¿Cómo pensar ahora en el examen de química y en las ilusiones de entonces? Cuatro veces cuando menos, durante el verano, se ha hablado del laboratorio del *Doktor* Pannwitz en el *Bau* 939 y ha corrido la voz de que seríamos elegidos algunos de los analistas para la sección de Polimerización.

Ahora basta, ahora se acabó. Es el último acto: el invierno ha empezado, y con él nuestra última batalla. Ya no se puede dudar de que será la última. En cualquier momento del día en que prestemos oído a las voces de nuestros cuerpos, en que interroguemos a nuestros miembros, la respuesta es la misma: no nos bastarán las fuerzas. Todo, en torno a nosotros, habla de destrucción y de fin. La mitad del *Bau* 939 es un amasijo de chapas retorcidas y cascotes; de las tuberías enormes donde antes rugía el vapor sobrecalentado penden ahora hasta el suelo carámbanos azules tan gruesos como pilastras. La Buna está ahora silenciosa, y cuando el viento es propicio, si se tiende la oreja, se siente un sordo y continuo temblor subterráneo, que es el frente que se acerca. Han llegado al Lager trescientos prisioneros del *ghetto* de Lodz, que los alemanes han transferido ante el avance de los rusos: han traído hasta nosotros la noticia de la lucha legendaria en el *ghetto* de Varsovia y nos han contado cómo, hace ya un año, los alemanes han liquidado el campo de Lublín: cuatro ametralladoras en las esquinas y las barracas incendiadas; el mundo civil nunca lo sabrá. ¿Cuándo nos toca a nosotros?

Como de costumbre, esta mañana el *Kapo* ha distribuido las cuadrillas. Los diez del Cloromagnesio, al Cloromagnesio: y éstos parten, arrastrando los pies, lo más lentamente posible, porque el Cloromagnesio es un trabajo durísimo: se está todo el día hasta los tobillos en el agua salobre y helada que ablanda los zapatos, la ropa y la piel. El *Kapo* coge un ladrillo y se lo tira al grupo: se esquivan malamente pero no avivan el paso. Ésta es casi una costumbre, pasa todas las mañanas y no siempre supone en el *Kapo* un propósito de hacer daño.

Los cuatro del *Scheisshaus*, a su trabajo: y parten los cuatro agregados a la construcción de las nuevas letrinas. Es preciso saber que, desde que con la llegada de los convoyes de Lodz y de Transilvania, habíamos superado el número de cincuenta mil *Häftlinge*, el misterioso burócrata alemán que se ocupa de estos asuntos nos ha autorizado la erección de un *Zweiplatziges Kommandoscheisshaus*, es decir, de un retrete de dos asientos reservado a nuestro *Kommando*. Nosotros no somos insensibles a este signo de distinción que hace del nuestro uno de los pocos comandos a los que uno puede jactarse de pertenecer: pero es evidente que viene así a faltar el más sencillo de los pretextos para ausentarse del trabajo y para trabar relaciones con los civiles. *Noblesse oblige*, dice Henri, que tiene otras cuerdas en su arco.

Los doce de los ladrillos. Los cinco de *Meister Dahm*. Los dos de las cisternas. ¿Cuántos ausentes? Tres ausentes. Homolka, ingresado esta mañana en el *Ka-Be*; Fabbro, muerto ayer; François, trasladado quién sabe a dónde ni por qué. La cuenta cuadra; el *Kapo* toma nota y está satisfecho. No quedamos ya más que los dieciocho de la fenilbeta, además de los prominentes del *Kommando*. Y he aquí lo imprevisible.

El *Kapo* dice:

—El *Doktor* Pannwitz ha comunicado al *Arbeitsdienst* que tres *Häftlinge* han sido escogidos para el laboratorio. 169509, Brackier; 175633, Kandel; 174517, Levi.

Durante un instante me zumban los oídos y la Buna da vueltas a mi alrededor. Somos tres Levi en el *Kommando* 98, pero *Hundert Vierunsiebzig Fünf Hundert Siebzehn* sólo yo, no cabe duda. Soy uno de los tres elegidos.

El *Kapo* nos escudriña con una risa enconada. Un belga, un rumano y un italiano: tres *Franzosen*, en resumen. ¿Es posible que tuviesen que ser tres *Franzosen* los elegidos para el paraíso del laboratorio?

Muchos compañeros se alegran; el primero de todos Alberto, con verdadera alegría, sin sombra de envidia. Alberto no encuentra nada de qué burlarse en cuanto a la suerte que me ha tocado, y está por el contrario muy contento, ya sea por amistad, ya sea porque también le supondrá algunas ventajas: pues los dos estamos unidos por un estrechísimo pacto de alianza, por lo que cada bocado «organizado» es dividido en dos partes rigurosamente iguales. No tiene por qué envidiarme, puesto que entrar en el Laboratorio no era una de sus esperanzas, ni siquiera uno de sus deseos. La sangre de sus venas es demasiado libre para que Alberto, mi viejo amigo no domado, piense en arrellanarse en una colocación; su instinto lo conduce a otra parte, hacia otras soluciones, hacia lo imprevisto, lo extemporáneo, lo nuevo. A un buen empleo, Alberto prefiere sin dudar las incertidumbres y las batallas de la «profesión liberal».

Tengo en el bolsillo un boleto del *Arbeitsdienst*, donde está escrito que el *Häftling* 174517, como obrero especializado tiene derecho a camisa y calzoncillos nuevos y debe ser afeitado los miércoles.

La Buna destruida yace bajo la primera nieve, silenciosa y rígida como un desmesurado cadáver; todos los días aúllan las sirenas del *Fliegeralarm*; los rusos están a ochenta kilómetros. La central eléctrica está parada, las columnas del Metanol ya no existen, tres de cuatro gasómetros de acetileno han volado. A nuestro Lager afluyen todos los días a granel prisioneros «recuperados» de todos los campos de la Polonia oriental; los menos van al trabajo, los más continúan hacia

Birkenau y hacia el Horno. La ración ha vuelto a ser disminuida. El *Ka-Be* rebosa, los *E-Häftlinge* han traído al campo la escarlatina, la difteria y el tifus exantemático.

Pero el *Häftling* 174517 ha sido nombrado especialista y tiene derecho a camisa y calzoncillos nuevos y debe ser afeitado los miércoles. Nadie puede jactarse de comprender a los alemanes.

Hemos entrado en el laboratorio tímidamente, recelosos y desorientados como tres bestias salvajes que se adentrasen en una gran ciudad. ¡Qué liso y que limpio está el pavimento! Éste es un laboratorio sorprendentemente parecido a cualquier otro laboratorio. Tres largos pupitres de trabajo llenos de centenares de objetos familiares. La cristalería secándose en un rincón, la balanza analítica, una estufa Heraeus, un termostato Höppler. El olor me hace sobresaltar como un latigazo: el débil olor aromático de los laboratorios de química orgánica. Durante un instante, evocada con violencia brutal y en seguida desvanecida, la gran sala semioscura de la universidad, el cuarto curso, el aire suave de mayo en Italia.

Herr Stawinoga nos asigna los puestos de trabajo. Stawinoga es un alemán-polaco todavía joven, de cara enérgica pero al mismo tiempo triste y cansada. También es *Doktor*: no en química, pero (*ne pas chercher à comprendre*) en glotología; sin embargo es el jefe del laboratorio. Con nosotros, no habla de buena gana, pero no parece mal dispuesto. Nos llama «Monsieur», lo que resulta ridículo y desconcertante.

En el laboratorio la temperatura es maravillosa: el termómetro marca 24 °C. Pensamos que también podemos ponernos a lavar la cristalería, o a barrer el suelo, o a transportar las bombonas de hidrógeno, cualquier cosa con tal de quedarnos aquí dentro, y el problema del invierno estará resuelto para nosotros. Y además, pensándolo bien, tampoco el problema del hambre debería ser difícil de resolver. ¿Van a registrarnos todos los días a la salida? ¿O aunque así fuese, cada vez que pidamos permiso para ir a la letrina? Evidentemente, no. Y aquí hay jabón, hay bencina, hay alcohol. Me haré un bolsillo secreto por dentro de la chaqueta, me pondré en combinación con el inglés que trabaja en la oficina y comercia en bencina. Veremos cuán severa va a ser la vigilancia: pero ya llevo un año de Lager y sé que si uno quiere robar, y si se dedica a ello con seriedad, no hay vigilancia ni registros que puedan impedírselo.

Por lo que parece, pues, la suerte, llegada por caminos insospechados, ha hecho que nosotros tres, objeto de envidia para diez mil condenados, no tengamos este invierno ni frío ni hambre. Esto significa grandes posibilidades de no enfermar de gravedad, de salvarse de la congelación, de superar las selecciones. En estas condiciones, personas menos expertas que nosotros en las cosas del Lager también podrían ser tentadas por la esperanza de sobrevivir y por el pensamiento de la libertad. Nosotros no, nosotros sabemos cómo funcionan estas cosas; todo esto es un regalo del destino, que como tal es gozado lo más intensamente posible, y de prisa: pero del mañana no hay certeza. Al primer tubo que rompa, al primer error de medida, a la primera distracción, volveré a consumirme en la nieve y el viento, hasta que yo también esté maduro para el Horno. Y además, ¿quién puede saber lo que ocurrirá cuando vengan los rusos?

Porque los rusos vendrán. El suelo tiembla noche y día bajo nuestros pies; en el vacío silencio de la Buna el fragor sumergido y sordo de la artillería resuena ahora ininterrumpidamente. Se respira un aire tenso, un aire de resolución. Los polacos no trabajan ya, los franceses andan de nuevo con la cabeza alta. Los ingleses se guiñan el ojo y se saludan a escondidas con la V del índice y del corazón; y no siempre a escondidas.

Pero los alemanes son sordos y ciegos, encerrados en una coraza de obstinación y de deliberada ignorancia. Una vez más han fijado la fecha del principio de la producción de goma sintética: será el 1 de febrero de 1945. Construyen refugios y trincheras, reparan los daños, construyen, combaten, mandan, organizan y matan. ¿Qué otra cosa podrían hacer? Son alemanes: este comportamiento suyo no es meditado y deliberado, sino que procede de su naturaleza y del destino que han elegido. No podrían hacer otra cosa: si se hiere el cuerpo de un agonizante la herida empieza a cicatrizar, aunque todo el cuerpo vaya a morirse al día siguiente.

Ahora, todas las mañanas al separar las cuadrillas, el *Kapo* nos llama, antes que a todos los demás, a nosotros tres, los del Laboratorio, *die drei Leute vom Labor*. En el campo, por la noche y por la mañana nada me distingue del rebaño, pero durante el día, durante el trabajo, estoy a cubierto y caliente y nadie me pega; robo y vendo jabón y bencina, sin riesgos serios, y quizás consiga un bono para unos zapatos de cuero. Además, ¿se puede llamar trabajo al mío? Trabajar es empujar vagones, llevar vigas, picar piedras, palear tierra, apretar con las manos desnudas el escalofrío del hierro helado. Yo, en cambio, estoy sentado todo el día, tengo un cuaderno y un lápiz, y hasta me han dado un libro para que me refresque la memoria sobre los métodos analíticos. Hay un cajón donde puedo poner la gorra y los guantes, y cuando quiera salir basta con que avise a Herr Stawinoga, el cual nunca dice que no y, si tardo, no hace preguntas; tiene el aspecto de sufrir en su carne por la ruina que lo rodea.

Los compañeros del *Kommando* me envidian, y tienen razón, ¿quizás no debería declararme contento? Pero apenas me sustraigo por la mañana a la rabia del viento y traspaso el umbral del laboratorio, he aquí a mi lado la compañía de todos los momentos de tregua, del *Ka-Be* y de los domingos de descanso: el dolor del recuerdo, la vieja y feroz desazón de sentirme hombre, que me asalta como un perro en el instante en que la conciencia emerge de la oscuridad. Entonces cojo el lápiz y el cuaderno y escribo aquello que no sabría decirle a nadie.

Y después, las mujeres. ¿Desde hace cuántos meses no veía una mujer? No era raro encontrarse por la Buna con las obreras ucranianas y polacas, en pantalones y chaqueta de cuero, macizas y violentas como sus hombres. Estaban sudadas y despeinadas en verano, embutidas en ropas gruesas en invierno; trabajaban con pico y pala y no se las sentía al lado como mujeres.

Aquí es diferente. Frente a las chicas del laboratorio nosotros tres nos sentimos abismados en la vergüenza y el embarazo. No sabemos qué aspecto tenemos: nos vemos el uno al otro, y a veces nos reflejamos en un cristal terso. Somos ridículos y repugnantes. Nuestro cráneo está calvo el lunes y cubierto por una corta pelusa oscura el sábado. Tenemos la cara hinchada y amarilla permanentemente marcada por las cortaduras del barbero apresurado, y frecuentemente por cardenales y llagas entumecidas; tenemos el cuello largo y nudoso como pollos desplumados. Nuestra ropa está increíblemente sucia, manchada de barro, sangre y pringue; los pantalones de Kandel le llegan a mitad de las pantorrillas y dejan ver los tobillos huesudos y peludos; mi chaqueta me cuelga de los hombros como de un perchero de madera. Estamos llenos de pulgas, y nos rascamos a menudo desvergonzadamente; estamos obligados a pedir permiso para ir a las letrinas con humillante frecuencia. Nuestros zuecos de madera son insoportablemente ruidosos y llenos de capas superpuestas de barro y de grasa reglamentaria.

Y luego, a nuestro olor nosotros estamos acostumbrados pero las chicas no, y no desperdician ocasión de manifestárnoslo. No es el olor genérico del mal lavado, sino el olor a *Häftling*, suave y dulzón, que se nos ha agarrado a nuestra llegada al Lager y se exhala tenaz de los dormitorios, de las cocinas, de los lavaderos y de los retretes del Lager. Se lo adquiere en seguida y no se lo pierde nunca: «¿tan joven y ya hiedes?», así se suele acoger entre nosotros a los recién llegados.

A nosotros, estas muchachas nos parecen criaturas ultraterrenales. Son tres jóvenes alemanas, y Fräulein Liczba, polaca, que es la guarda del almacén, y Frau Mayer, que es la secretaria. Tienen la piel suave y rosada, bonitos vestidos de colores, limpios y calientes, los cabellos rubios, largos y bien peinados; hablan con mucha gracia y compostura y en lugar de tener el laboratorio ordenado y limpio, como deberían, fuman en los rincones, comen a ojos vistas rebanadas de pan con mermelada, se liman las uñas, rompen muchos tubos de ensayo y después tratan de echarnos la culpa a nosotros; cuando barren, nos barren los pies. No hablan con nosotros, y arrugan la nariz cuando nos ven arrastrarnos por el laboratorio, escuálidos y sucios, inadaptados y tambaleantes en los zuecos. Una vez le he pedido una información a Fräulein Liczba y no me ha contestado, sino que se ha vuelto rápidamente a Stawinoga con cara de fastidio y le ha hablado rápidamente. No he entendido la frase; pero «*Stinkjude*» lo he entendido claramente, y se me han encogido las tripas. Stawinoga me ha dicho que, para todas las cuestiones de trabajo, nos debemos dirigir a él directamente.

Estas chicas cantan, como cantan todas las chicas de todos los laboratorios del mundo, y esto nos hace profundamente desgraciados. Conversan entre sí, hablan del racionamiento, de sus novios, de sus casas, de las próximas fiestas...

—¿Vas el domingo a casa? Yo no: ¡es tan incómodo viajar!

—Yo iré en Navidad. Sólo dos semanas, y ya será Navidad: no parece verdad, ¡este año se ha pasado tan pronto!

... Este año se ha pasado pronto. El año pasado a esta hora yo era un hombre libre: fuera de la ley pero libre, tenía un nombre y una familia, tenía una mente ávida e inquieta y un cuerpo ágil y sano. Pensaba en muchas cosas lejanísimas: en mi trabajo, en el final de la guerra, en el bien y en el mal, en la naturaleza de las cosas y en las leyes que gobiernan la conducta humana; y además en las montañas, en cantar, en el amor, en la música, en la poesía. Tenía una enorme, arraigada, estúpida fe en la benevolencia del destino, y matar y morir me parecían cosas extrañas y literarias. Mis días eran alegres y tristes, pero todos los añoraba, todos eran densos y positivos; el porvenir estaba delante de mí como un gran tesoro. De mi vida de entonces no me queda hoy más que lo necesario para sufrir el hambre y el frío; no estoy ya lo suficientemente vivo para poder suprimirme.

Si hablase alemán mejor podría tratar de explicarle todo esto a Frau Mayer; pero seguro que no lo entendería, o si fuese tan inteligente o tan buena como para entender, no podría soportar estar junto a mí, y huiría como se huye al contacto de un enfermo incurable o de un condenado a muerte. O quizás me regalaría un bono de medio litro de potaje civil.

Este año se ha pasado pronto.

El último

Ya está cerca la Navidad. Alberto y yo caminamos hombro con hombro en la larga fila gris echados hacia adelante para aguantar mejor el viento. Es de noche y nieva; no es fácil tenerse en pie, y más difícil todavía es guardar el paso y la formación: de vez en cuando, uno de los que van delante tropieza y rueda por el barro negro, hay que estar atento para evitarlo y para recobrar nuestro puesto en la fila.

Desde que estoy en el Laboratorio Alberto y yo trabajamos separados y, en la marcha de regreso, tenemos siempre muchas cosas que contarnos. Por lo general no se trata de cosas muy elevadas: del trabajo, de los compañeros, del pan, del frío; pero desde hace una semana hay algo nuevo: Lorenzo nos trae todas las tardes tres o cuatro litros de potaje de los trabajadores civiles italianos. Para resolver el problema del transporte hemos debido procurarnos lo que se llama una *menaschka*, es decir, una escudilla fuera de serie de chapa de cinc, más parecida a un cubo que a una escudilla. Silberlust, el hojalatero, nos la ha hecho con dos trozos de canalón a cambio de tres raciones de pan: es un espléndido recipiente, sólido y capaz, con el característico aspecto de un utensilio del neolítico.

En todo el campo sólo algún griego posee una *menaschka* más grande que la nuestra. Esto, además de las ventajas materiales, ha acarreado una sensible mejora de nuestra condición social. Una *menaschka* como la nuestra es un título de nobleza, es un blasón heráldico: Henri se está haciendo amigo nuestro y habla con nosotros de igual a igual; L. ha adoptado un tono paternal y condescendiente; en cuanto a Elías, está constantemente encima de nosotros, y mientras por una parte nos espía con tenacidad para descubrir el secreto de nuestra *organisacja*, por la otra nos abruma con incomprensibles declaraciones de solidaridad y de afecto y nos atruena con una letanía de portentosas obscenidades y blasfemias italianas y francesas que ha aprendido quién sabe dónde y con las que se ve claramente que cree honrarnos.

En cuanto al aspecto moral del nuevo estado de cosas, Alberto y yo hemos debido convenir en que no hay de qué estar orgullosos; ¡pero es tan fácil hallar justificaciones! Por otra parte, el mismo hecho de tener cosas nuevas de las que hablar, no es una ventaja despreciable.

Hablamos de nuestro proyecto de comprarnos una segunda *menaschka* para alternarla con la primera, de modo que nos baste con una sola expedición al día al rincón remoto del taller donde trabaja ahora Lorenzo. Hablamos de Lorenzo y de la manera de pagarle; después, si volvemos, sí, claro es que haremos cuanto podamos por él; ¿pero de qué sirve hablar ahora de esto? Tanto él como nosotros sabemos muy bien que es difícil que volvamos. Habría que hacer algo ya; podríamos probar a hacer que le arreglasen los zapatos en la zapatería de nuestro Lager, donde las reparaciones son gratuitas (parece una paradoja, pero, oficialmente, en los campos de aniquilación todo es gratuito). Alberto lo intentará: es amigo del zapatero jefe, quizás baste un litro de potaje.

Hablamos de tres novísimas empresas nuestras, y estamos de acuerdo en deplorar que evidentes razones de secreto profesional desaconsejen ponerlas en circulación: qué lástima, nuestro prestigio personal ganaría mucho.

De la primera, la paternidad es mía. He sabido que el *Blockältester* del 44 anda escaso de escobas, y he robado una en el taller: y hasta aquí, nada hay de extraordinario. La dificultad era la de contrabandear la escoba en el Lager durante la marcha de vuelta, y la he resuelto de una manera que me parece inédita, desmembrando el cuerpo del delito en barredera y mango, cortando este último en dos piezas, llevando al campo los diferentes artículos por separado (los dos tacones de mango atados a los muslos, debajo de los pantalones) y reconstruyendo el utensilio en el Lager, para lo que he tenido que encontrar un trozo de chapa, martillo y clavos para soldar los dos palos. El trabajo sólo ha requerido cuatro días.

Contrariamente a cuanto me temía, el comprador no ha devaluado mi escoba, sino que se la ha enseñado como una curiosidad a varios de sus amigos, los cuales me han encargado otras dos escobas «del mismo modelo».

Pero Alberto tiene algo muy distinto en preparación. En primer lugar, ha puesto a punto la «operación lima», y la ha realizado ya con éxito un par de veces. Alberto se presenta en el almacén de herramientas, pide una lima y la escoge más bien grande. El almacenero escribe «una lima» junto a su número de matrícula, y Alberto se va. Se va derecho a un civil de confianza (un triestino que es todo un señor truhán, que sabe más que el diablo y ayuda a Alberto más por amor al arte que por interés o filantropía), el cual no tiene dificultad en cambiar en el mercado libre la lima grande por dos pequeñas de valor igual o menor. Alberto devuelve «una lima» al almacén y vende la otra.

Y, en fin, ha coronado en estos días su obra maestra, una combinación audaz, nueva y de singular elegancia. Es preciso saber que desde hace unas semanas a Alberto le ha sido confiada una misión especial: por la mañana, en el taller, le es entregado un cubo con pinzas, destornilladores y unos cientos de tarjetas de celuloide de distintos colores, las cuales debe montar mediante pinzas a propósito para distinguir las numerosas y largas tuberías de agua fría y caliente, vapor, aire comprimido, gas, nafta, vacío, etcétera, que recorren en todos los sentidos la Sección de Polimerización. También hay que saber (y parece que no tiene nada que ver, pero ¿no consiste quizás el ingenio en encontrar o crear relaciones entre órdenes de ideas aparentemente extrañas?) que para todos nosotros, los *Häftlinge*, la ducha es un asunto bastante desagradable por muchas razones (el agua es escasa y fría, o está hirviendo, no hay vestuario, no tenemos toallas, no tenemos jabón, y durante la forzada ausencia es fácil ser robado). Como la ducha es obligatoria, los *Blockältester* necesitan de un sistema de control que permita aplicar sanciones a quien se sustrae: por lo común, uno de confianza del *Blockältester* se instala junto a la puerta y toca, como Polifemo, a quien sale para ver si está mojado; quien lo está, recibe una contraseña, el que está seco recibe cinco vergajazos. Sólo mediante la presentación de la contraseña se puede obtener el pan a la mañana siguiente.

La atención de Alberto se ha dirigido a las contraseñas. Por lo general, no son otra cosa que míseros pedazos de papel, que se devuelven húmedos, despedazados e irreconocibles. Alberto conoce a los alemanes, y los *Blockältester* son todos alemanes o de escuela alemana: les gusta el orden, el sistema, la burocracia; además, aunque son groseros, sueltos de mano e iracundos, tienen un amor infantil por los objetos relucientes y variopintos.

Así expuesto el tema, he aquí su brillante desarrollo. Alberto ha sustraído sistemáticamente una serie de tarjetitas del mismo color; de cada una ha recortado tres fichas redondas (el instrumento necesario, un sacabocados, lo he «organizado» yo en el laboratorio): cuando ha tenido listas doscientas fichas, suficientes para un *Block*, se ha presentado al *Blockältester* y le ha ofrecido la *Spezialität* por la disparatada cantidad de diez raciones de pan en consignación gradual. El cliente ha aceptado con entusiasmo, y ahora dispone Alberto de un portentoso artículo de moda que ofrecer con garantía de éxito en todas las barracas, un color por barraca (ningún *Blockältester* querrá pasar por tacaño o misoneísta) y, lo que es más importante, no tiene que temer a la competencia porque sólo él tiene acceso a la materia prima. ¿No está bien estudiado?

De estas cosas hablamos, tropezando de un charco a otro, entre la negrura del cielo y el fango del camino. Hablamos y caminamos. Yo llevo las dos escudillas vacías, Alberto el peso de la *menaschka* agradablemente llena. Una vez más la música de la banda, la ceremonia del *Mützen ab*, fuera las gorras, de golpe, ante las SS; una vez más *Arbeit Macht Frei* y el anuncio del *Kapo*: *Kommando 98, zwei und sechzig Häftlinge, Stärke stimmt* (sesenta y dos prisioneros, la cuenta cuadra). Pero la columna se ha roto, nos hacen marchar hasta la plaza de la Lista. ¿Pasarán lista? No la pasan. Hemos visto la luz cruda del faro, y el perfil bien conocido de la horca.

Durante más de una hora las escuadras han estado llegando, con el pataleo duro de las suelas de madera sobre la nieve helada. Una vez que todos los *Kommandos* han vuelto, la banda se ha parado de golpe, y una ronca voz alemana ha impuesto silencio. De la improvisada quietud se ha levantado otra voz alemana, y en el aire oscuro y enemigo ha hablado durante mucho tiempo coléricamente. En fin, el condenado ha sido metido en el haz de luz del faro.

Todo este aparato, y este encarnizado ceremonial, no son nuevos para nosotros. Desde que estoy en el campo he tenido que asistir a trece ahorcaduras públicas; pero las otras veces se trataba de delitos comunes, hurtos en la cocina, sabotajes, tentativas de fuga. Hoy se trata de otra cosa.

El mes pasado, uno de los crematorios de Birkenau ha sido hecho saltar por los aires. Ninguno de nosotros sabe (y tal vez no lo sepa nunca) cómo ha sido exactamente realizada la empresa: se habla del *Sonderkommando* del *Kommando* Especial adscrito a las cámaras de gas y a los hornos, el cual viene siendo periódicamente exterminado, y que es mantenido escrupulosamente segregado del resto del campo. Lo que es cierto es que en Birkenau un centenar de hombres, de esclavos inermes y débiles como nosotros, han sacado de sí mismos la fuerza necesaria para actuar, para madurar los frutos de su odio.

El hombre que va a morir hoy entre nosotros ha tomado parte de algún modo en la revuelta. Se dice que mantenía relaciones con los insurrectos de Birkenau, que ha llevado armas de nuestro campo, que estaba tramando un amotinamiento simultáneo también entre nosotros. Morirá hoy bajo nuestras miradas: y quizás los alemanes no comprendan que la muerte solitaria, la muerte de hombre que le ha sido reservada, le servirá de gloria y no de infamia.

Cuando terminó el discurso del alemán, que nadie pudo entender, de nuevo se elevó la primera voz ronca: *Habt ihr verstanden?* (¿Lo habéis entendido?).

¿Quién respondió *Jawohl*? Todos y ninguno: fue como si nuestra maldita resignación tomase cuerpo de por sí, se hiciese voz colectivamente por encima de nuestras cabezas. Pero todos oyeron el grito del moribundo, éste traspasó las gruesas y antiguas barreras de inercia y de sumisión, golpeó el centro vivo del hombre en cada uno de nosotros:

—*Kamaraden, ich bin der Letze!* (¡Compañeros, yo soy el último!)

Me gustaría poder contar que entre nosotros, rebaño abyecto, se hubiese levantado una voz, un murmullo, un signo de asentimiento. Pero no sucedió nada. Hemos continuado en pie, encorvados y grises, con la cabeza inclinada, y no nos hemos descubierto la cabeza más que cuando el alemán nos lo ha ordenado. El escotillón se ha abierto, el cuerpo se ha deslizado atrozmente; la banda ha vuelto a tocar, y nosotros, de nuevo formados en columna, hemos desfilado ante los últimos temblores del moribundo.

Al pie de la horca, los SS nos veían pasar con miradas indiferentes: su obra estaba realizada y bien realizada. Los rusos pueden venir ya: ya no quedan hombres fuertes entre nosotros, el último pende ahora sobre nuestras cabezas, y para los demás, pocos cabestros han bastado. Pueden venir los rusos: no nos encontrarán más que a los domados, a nosotros los acabados, dignos ahora de la muerte inerme que nos espera.

Destruir al hombre es difícil, casi tanto como crearlo: no ha sido fácil, no ha sido breve, pero lo habéis conseguido, alemanes. Henos aquí dóciles bajo vuestras miradas: de nuestra parte nada tenéis que temer: ni actos de rebeldía, ni palabras de desafío, ni siquiera una mirada que juzgue.

Alberto y yo hemos vuelto a la barraca y no hemos podido mirarnos a la cara. Aquel hombre debía de ser duro, debía de ser de un metal distinto del nuestro, si esta condición por la que nosotros hemos sido destrozados no ha podido plegarlo.

Porque también nosotros estamos destrozados, vencidos: aunque hayamos sabido adaptarnos, aunque hayamos, al fin, aprendido a encontrar nuestra comida y a resistir el cansancio y el frío, aunque regresemos.

Hemos puesto la *menaschka* en la litera, hemos hecho el reparto, hemos satisfecho la rabia cotidiana del hambre, y ahora nos oprime la vergüenza.

Historia de diez días

Desde hacía ya muchos meses se sentía a intervalos el retumbar de los cañones rusos cuando, el 11 de enero de 1945, enfermé de escarlatina y fui de nuevo hospitalizado en el *Ka-Be. Infektionsabteilung*: es decir, en un cuartito, a decir verdad bastante limpio, con diez literas en dos pisos; un armario; tres banquetas y la silleta con el cubo para las necesidades corporales. Todo en tres metros por cinco.

A las literas de arriba era desagradable subir, pues no había escalera; por eso, cuando un enfermo se agravaba era transferido a las literas de abajo.

Cuando yo entré fui el decimotercero: de los otros doce, cuatro tenían escarlatina, dos franceses «políticos» y dos muchachos judíos húngaros; había tres con difteria, dos con tifus y uno con una repugnante erisipela facial. Los otros dos padecían de más de una enfermedad y estaban increíblemente echados a perder.

Yo tenía mucha fiebre. Tuve la suerte de tener una litera entera para mí; me acosté con sensación de alivio, sabía que tenía derecho a cuarenta días de aislamiento y, en consecuencia, de reposo, y me consideraba lo bastante bien conservado para no temer las consecuencias de la escarlatina, por una parte, ni las selecciones, por otra.

Gracias a mi ya larga experiencia de las cosas del campo, había conseguido llevarme mis pertenencias personales; un cinto de cables eléctricos trenzados; la cuchara-cuchillo; una aguja con tres hebras de hilo; cinco botones y, en fin, dieciocho piedras de eslabón que había robado en el Laboratorio. De cada una podían sacarse, afinándola pacientemente con el cuchillo, tres piedrecitas más pequeñas del tamaño adecuado para un encendedor normal de cigarrillos. Habían sido tasadas en seis o siete raciones de pan.

Pasé cuatro días tranquilos. Afuera nevaba y hacía mucho frío, pero la barraca estaba caliente. Recibía grandes dosis de sulfamidas, sufría unas náuseas muy fuertes y me costaba trabajo comer; no tenía ganas de trabar conversación.

Los dos franceses con escarlatina eran simpáticos. Eran dos provincianos de los Vosgos, ingresados en el campo pocos días antes con una gran expedición de civiles rastreados por los alemanes que se retiraban de la Lorena. El mayor, su compañero de litera, se llamaba Charles, era maestro de escuela y tenía treinta y dos años; en lugar de camisa, le había tocado una camiseta de verano cómicamente corta.

El quinto día vino el barbero. Era un griego de Salónica; sólo hablaba el bonito español de su gente, pero entendía algunas palabras de todas las lenguas que se hablaban en el campo. Se llamaba Askenazi y estaba en el campo desde hacía casi tres años; no sé cómo había podido conseguir el cargo de *Frisör* del *Ka-Be*: no hablaba alemán ni polaco y no era demasiado brutal. Antes de que entrase, le había oído hablar con excitación en el pasillo durante un buen rato con el médico, que era compatriota suyo. Me pareció que tenía una expresión insólita, pero como la mímica de los levantinos no se corresponde con la nuestra, no comprendía si estaba asustado, contento o emocionado. Me conocía, o por lo menos sabía que yo era italiano.

Cuando llegó mi turno me bajé trabajosamente de la litera. Le pregunté en italiano si había algo de nuevo: interrumpió el afeitado, guiñó los ojos de manera solemne y alusiva, apuntó a la ventana con la barbilla, después hizo con la mano un gesto amplio hacia poniente:

—*Morgen, alle Kamarad weg.*

Me miró un momento con los ojos muy abiertos, como a la espera de mi estupor, y añadió:

—*Todos todos* —y reanudó su trabajo. Sabía lo de mis piedrecitas, por eso me afeitó con cierta delicadeza.

La noticia no provocó en mí ninguna emoción directa. Desde hacía muchos meses ya no conocía el dolor, la alegría, el temor, sino de ese modo despegado y lejano que es característico del Lager y que se podría llamar condicional: si tuviese ahora —pensaba— mi sensibilidad de antes, éste sería un momento en extremo emocionante.

Tenía las ideas perfectamente claras; desde hacía mucho tiempo Alberto y yo habíamos previsto los peligros que acompañarían al momento de la evacuación del campo y de la liberación. Además, la noticia dada por Askenazi no era más que la confirmación de un rumor que circulaba desde hacía varios días: que los rusos estaban en Czenstochowa, a cien kilómetros al norte; que estaban en Zakopane, a cien kilómetros al sur; que, en la Buna, los alemanes preparaban ya las minas de sabotaje.

Miré uno por uno a los rostros de mis compañeros de habitación: estaba claro que no se me ocurría hablar con ninguno de ellos. Me habrían contestado: «¿Y qué?». Y todo habría terminado allí. Los franceses eran diferentes, todavía estaban frescos.

—¿Sabéis? —les dije—: Mañana se evacúa el campo.

Me agobiaron a preguntas:

—¿Hacia dónde? ¿A pie?, ¿...y también los enfermos?, ¿los que no pueden andar?

Sabían que era un prisionero veterano y que entendía el alemán: deducían de ello que también sabía sobre el asunto mucho más de lo que quería admitir.

No sabía nada más: lo dije, pero ellos siguieron preguntando. Qué fastidio. Pero, claro, estaban en el Lager desde hacía unas semanas, todavía no habían aprendido que en el Lager no se hacen preguntas.

Por la tarde vino el médico griego. Dijo que, también de entre los enfermos, todos los que podían andar serían provistos de zapatos y de ropa y saldrían al día siguiente, con los sanos, para una marcha de veinte kilómetros. Los otros se quedarían en el *Ka-Be*, con personal de asistencia escogido entre los enfermos menos graves.

El médico estaba insólitamente alegre, parecía borracho. Lo conocía, era un hombre culto, inteligente, egoísta y calculador. Dijo también que todos sin distinción recibirían triple ración de pan, de lo que los enfermos se alegraron visiblemente. Le hicimos algunas preguntas sobre lo que iba a ser de nosotros. Contestó que probablemente los alemanes nos abandonarían a nuestro destino: no, no creía que nos matasen. No ponía mucho empeño en ocultar que pensaba lo contrario, su misma alegría era significativa.

Ya estaba equipado para la marcha; apenas hubo salido los dos muchachos húngaros empezaron a hablar excitados entre sí. Se encontraban en convalecencia avanzada, pero muy desmejorados. Se entendía que tenían miedo de quedarse con los enfermos, deliberaban sobre la posibilidad de partir con los sanos. No se trataba de un razonamiento: es probable que también yo, si no me hubiese sentido tan débil, hubiese seguido el instinto del rebaño; el terror es muy contagioso y el individuo aterrorizado, en lo primero que piensa es en la fuga.

Fuera de la barraca se oía el campo en insólita agitación. Uno de los dos húngaros se levantó, salió y volvió al cabo de media hora cargado de trapos asquerosos. Debía de haberlos robado en el almacén de los efectos destinados a la desinfección. Su compañero y él se vistieron febrilmente, endosándose un trapo encima de otro. Se veía que tenían prisa por ver el hecho consumado antes de que el mismo miedo los hiciese retroceder. Era insensato pensar aunque sólo fuera en una hora de camino, tan débiles como estaban, y además por la nieve, y con aquellos zapatos rotos encontrados a último momento. Traté de explicárselo, pero me miraron sin responder. Tenían ojos de bestias asustadas.

Sólo durante un momento se me pasó por la cabeza que también podían tener razón. Salieron con dificultad por la ventana, los vi, mamarrachos informes, tambalearse fuera, en la noche. No han vuelto; he sabido mucho después que, no pudiendo continuar, fueron abatidos por los SS pocas horas después de haber empezado la marcha.

También yo necesitaba un par de zapatos: estaba claro. Pero necesité una hora para vencer las náuseas, la fiebre y la inercia. Encontré un par en el pasillo (los sanos habían saqueado el depósito de los zapatos de los hospitalizados y habían cogido los mejores: los más deteriorados, agujereados y desparejados andaban por todos los rincones). Allí mismo me encontré con Kosman, un alsaciano. De civil, era corresponsal de la Reuter en Clermont-Ferrand: también estaba excitado y eufórico. Dijo:

—Si por casualidad vuelves antes que yo, escríbele al alcalde de Metz que estoy a punto de volver.

Se sabía que Kosman tenía conocidos entre los prominentes, por eso su optimismo me pareció un buen indicio y lo utilicé para justificar mi inercia ante mí mismo. Escondí los zapatos y me volví a la cama.

Bien entrada la noche vino otra vez el médico griego, con un saco a la espalda y un pasamontañas. Echó en mi litera una novela francesa:

—Ten, lee, italiano. Me la devolverás cuando volvamos a vernos.

Todavía lo odio por esta frase. Sabía que nosotros estábamos condenados.

Y vino al fin Alberto, desafiando la prohibición, a decirme adiós por la ventana. Era mi inseparable: nosotros éramos «los dos italianos» y las más de las veces los compañeros extranjeros confundían nuestros nombres. Desde hacía seis meses compartíamos la litera y cada gramo de comida «organizada» extrarración; pero él había tenido escarlatina de pequeño y yo no había podido contagiarlo. Por eso, él partió y yo me quedé. Nos despedimos, no hacían falta muchas palabras, ya nos lo habíamos dicho todo infinitas veces. No creíamos que estaríamos separados durante mucho tiempo. Había encontrado unos zapatos gruesos de piel en discreto estado de conservación: era uno de los que encuentran en seguida todo lo que necesitan.

También él estaba alegre y confiado, como todos los que se iban. Era comprensible: estaba a punto de suceder algo grande y nuevo: se sentía por fin alrededor una fuerza que no era la de Alemania, se sentía materialmente derrumbarse todo nuestro maldito mundo. O por lo menos, esto era lo que sentían los sanos que por muy cansados y hambrientos que estuviesen, tenían la posibilidad de moverse; pero es indiscutible que quien está demasiado débil, o desnudo, o descalzo, piensa y siente de otra manera, y lo que se adueñaba de nuestras mentes era la sensación de estar totalmente inermes y en manos de la suerte.

Todos los sanos (quitado algún bien aconsejado que en el último instante se desnudó y se echó en cualquier litera de la enfermería) partieron durante la noche del 18 de enero de 1945. Debían de ser cerca de veinte mil, procedentes de varios campos. En su casi totalidad, desaparecieron durante la marcha de evacuación: Alberto entre ellos. Quizás alguien escriba un día su historia.

Nosotros nos quedamos, pues, en nuestras yacijas, solos con nuestras enfermedades y con nuestra inercia más fuerte que el miedo.

En todo el *Ka-Be* éramos quizás ochocientos. En nuestra habitación nos habíamos quedado once, cada uno en una litera, salvo Charles y Arthur que dormían juntos. Extinguido el ritmo de la gran máquina del Lager, empezaron para nosotros diez días fuera del mundo y del tiempo.

18 de enero. Durante la noche de la evacuación las cocinas del campo todavía habían funcionado, y a la mañana siguiente se distribuyó en la enfermería el potaje por última vez. La instalación de la calefacción central había sido abandonada; en las barracas quedaba todavía un poco de calor, pero a cada hora que pasaba la temperatura iba bajando, y se comprendía que muy pronto íbamos a tener frío. Fuera debían de estar por lo menos a 20 grados bajo cero; la mayor parte de los enfermos no tenía más que la camisa, y algunos ni eso.

Nadie sabía en qué situación estábamos. Algunos de los SS se habían quedado; algunas torres de guardia estaban todavía ocupadas.

Hacia mediodía un sargento de las SS hizo la inspección de las barracas. Nombró en cada una a un jefe de barraca, escogiéndolo de entre los no judíos, y dispuso que fuese inmediatamente hecha una lista de enfermos en la que se distinguiese a los judíos de los no judíos. La cosa parecía clara. Nadie se asombró de que hasta el final los alemanes conservasen su amor nacional por las clasificaciones, y ningún judío pensó ya seriamente en vivir hasta el día siguiente.

Los dos franceses no habían entendido y estaban muy asustados. Les traduje de mala gana lo que había dicho el SS; me parecía irritante que tuviesen miedo: no tenían todavía un mes de Lager, todavía casi no tenían hambre, ni siquiera eran judíos, y tenían miedo.

Se hizo otro reparto de pan. Por la tarde empecé a leer el libro dejado por el médico: era muy interesante y lo recuerdo con extraña precisión. Hice también una visita al departamento de al lado, en busca de mantas: de allí muchos enfermos habían sido evacuados, sus mantas habían quedado libres. Me llevé algunas bastante calientes.

Cuando supo que venían de la Sección de Disentería, Arthur arrugó la nariz:

—*Y-avait point besoin de le dire.* —En efecto estaban manchadas. Yo pensaba que de todas maneras, dado lo que nos esperaba, sería mejor dormir bien arropados.

Se hizo pronto de noche pero todavía funcionaba la luz eléctrica. Vimos con tranquilo espanto que en la esquina de la barraca había un SS armado. Yo no tenía ganas de hablar y no sentía temor sino de la manera exterior y condicional que ya he dicho. Seguí leyendo hasta bastante tarde.

No había reloj, pero debían de ser las doce cuando se apagaron todas las luces, incluso las de los reflectores de las torres de guardia. Se veían a lo lejos los haces de luz de los fotoeléctricos. Floreció en el cielo un racimo de luces intensas que se mantuvieron inmóviles iluminando crudamente el terreno. Se oía el trepidar de los aparatos.

Luego empezó el bombardeo. No era nada nuevo, me bajé de la litera, enfilé los pies desnudos en los zapatos y esperé.

Parecía lejano, quizás encima de Auschwitz.

Pero he aquí una explosión cercana y, antes de poder formular un pensamiento, una segunda y una tercera de las que rompen los oídos. Se oyó un estrépito de cristales rotos, la barraca osciló, cayó al suelo la cuchara que tenía clavada en un encastre de la pared de madera.

Luego pareció que había terminado. Cagnolati, un joven campesino, también de los Vosgos, no debía de haber visto nunca una incursión: se había tirado desnudo de la cama, se había agazapado en un rincón y chillaba.

Después de unos minutos fue evidente que el campo había sido alcanzado. Dos barracones ardían violentamente, otros dos habían sido pulverizados, pero todos eran barracones vacíos. Llegaron decenas de enfermos, desnudos y miserables, de un barracón amenazado por el fuego: pedían asilo. Imposible acogerlos. Insistieron, suplicando y amenazando en muchas lenguas: tuvimos que atrancar la puerta. Se arrastraron hacia otro sitio, iluminados por las llamas, descalzos sobre la nieve en fusión. A muchos les colgaban por detrás los vendajes deshechos. Para nuestro barracón no parecía que hubiese peligro, a no ser que cambiase el viento.

Los alemanes ya no estaban allí. Las torres estaban vacías.

Hoy pienso que, sólo por el hecho de haber existido un Auschwitz, nadie debería hablar en nuestros días de Providencia: pero lo cierto es que, en aquel momento, el recuerdo de los salvamentos bíblicos en las adversidades extremas pasó como un viento por todos los ánimos.

No se podía dormir; se había roto un cristal y hacía mucho frío. Pensaba que teníamos que buscar una estufa para instalarla, y procurarnos carbón, leña y víveres. Sabía que todo esto era necesario, pero sin ayuda nunca habría podido hacerlo. Hablé de ello con los dos franceses.

19 de enero. Los franceses estuvieron de acuerdo. Nos levantamos al alba, nosotros tres. Me sentía enfermo e inerme, tenía frío y miedo.

Los demás enfermos nos miraron con curiosidad recelosa: ¿no sabíamos que a los enfermos les estaba prohibido salir del *Ka-Be*? ¿Y si todavía no se habían ido todos los alemanes? Pero no dijeron nada, estaban contentos de que alguien fuese a hacer la prueba.

Los franceses no tenían ninguna idea de la topografía del Lager, pero Charles era valiente y robusto, y Arturo era sagaz y tenía un excelente sentido práctico de campesino. Salimos al viento de un gélido día de niebla, mal envueltos en mantas.

Lo que vimos no se parecía a nada que yo haya visto nunca ni oído describir.

El Lager, apenas muerto, ya estaba descompuesto. Ni agua ni electricidad: las ventanas y puertas desbaratadas eran batidas por el viento, chirriaban las chapas desajustadas de los tejados y las cenizas del incendio volaban alto y lejos. A la obra de las bombas se juntaba la obra de los hombres: andrajosos, deshechos, esqueléticos, los enfermos en condiciones de moverse se arrastraban por todas partes como una invasión de gusanos, sobre la tierra endurecida por el hielo. Habían revuelto todas las barracas vacías en busca de alimentos y de leña; habían violado con furia insensata las habitaciones de los odiados *Blockältester*, grotescamente adornadas, cerradas hasta el día anterior a los vulgares *Häftlinge*; como no eran los dueños de sus vísceras, se habían ensuciado en todas partes, contagiando la preciosa nieve, única fuente de agua para todo el campo.

En torno a las ruinas humeantes de las barracas quemadas, los grupos de enfermos estaban acostados en el suelo para absorber su último calor. Otros habían encontrado patatas en cualquier parte y las asaban en las brasas del incendio, mirando en torno con ojos feroces. Pocos habían tenido fuerzas para encender un verdadero fuego, y hacían fundir la nieve en recipientes de ocasión.

Nos dirigimos a las cocinas lo más de prisa que pudimos, pero casi se habían terminado las patatas. Llenamos dos sacos de ellas y confiamos su custodia a Arthur. Entre los escombros del *Prominenzblock*, Charles y yo encontramos por fin todo lo que buscábamos: una pesada estufa de hierro colado, con tubos todavía utilizables; Charles acudió con una carretilla y la cargamos; después me dejó a mí el encargo de llevarla a la barraca y se fue corriendo a los sacos. Allí encontró a Arthur desfallecido de frío; Charles cargó con los dos sacos y los puso a salvo, y luego se ocupó del amigo.

Mientras tanto yo, sosteniéndome a duras penas, trataba de manejar lo mejor que podía la pesada carretilla. Se oyó el ruido de un motor, y un SS en motocicleta entró en el campo. Como siempre, cuando veíamos sus rostros duros, me sentí presa del terror y del odio. Era demasiado tarde para desaparecer, y no quería abandonar la estufa. El reglamento del Lager prescribía ponerse firme y descubrirse la cabeza. Yo no tenía gorra y me hallaba embarazado por la manta. Me alejé unos pasos de la carretilla e hice una especie de torpe inclinación. El alemán siguió adelante sin verme, dio la vuelta junto a un barracón y se fue. Más tarde supe qué peligro había corrido.

Llegué por fin a la puerta de nuestra barraca y dejé la estufa a cargo de Charles. El esfuerzo me había dejado sin aliento, veía bailar ante mí unas manchas negras.

Se trataba de ponerla a funcionar. Los tres teníamos las manos paralizadas y el metal gélido se pegaba a la piel de los dedos, pero era urgente que la estufa funcionase para calentarnos y para hervir las patatas. Habíamos encontrado leña y carbón, y también brasas procedentes de las barracas quemadas.

Cuando quedó reparada la ventana desvencijada y la estufa empezó a calentar, pareció como si algo se ensanchase en cada uno de nosotros, y fue entonces cuando Towarowski (un francopolaco de veintitrés años, con tifus) propuso a los otros enfermos que cada uno de ellos nos diese una rebanada de pan a los tres que trabajábamos, y su proposición fue aceptada.

Sólo un día antes un acontecimiento semejante habría sido inconcebible. La ley del Lager decía: «Come tu pan y, si puedes, el de tu vecino», y no dejaba lugar a la gratitud. Quería decir que el Lager había muerto.

Fue aquél el primer gesto humano que se produjo entre nosotros. Creo que se podría fijar en aquel momento el principio del proceso mediante el cual, nosotros, los que no estábamos muertos, de *Häftlinge* empezamos lentamente a volver a ser hombres.

Arthur se había recobrado bastante, pero en adelante evitó siempre coger frío; se encargó del mantenimiento de la estufa, de la cocción de las patatas, de la limpieza de la habitación y del cuidado de los enfermos. Charles y yo nos repartimos los diferentes servicios del exterior. Todavía quedaba una hora de luz: una salida nos rindió medio litro de alcohol y un tarro de levadura de cerveza, tirado en la nieve por no sabíamos quién; hicimos un reparto de patatas cocidas y de una cucharada de levadura por cabeza. Pensaba vagamente que podría ser útil contra la avitaminosis.

Se hizo la oscuridad; de todo el campo, la nuestra era la única habitación provista de estufa, de lo que nos sentíamos muy orgullosos. Muchos enfermos de otras secciones se amontonaban a la puerta, pero la estatura de Charles los mantenía a raya. Ninguno, ni nosotros ni ellos, pensaba que la promiscuidad inevitable con nuestros enfermos hacía peligrosísima la permanencia en nuestro cuarto, y que enfermar de difteria en aquellas condiciones era más seguramente mortal que tirarse desde un tercer piso.

Yo mismo, que era consciente de ello, no me paraba demasiado a pensarlo: desde hacía demasiado tiempo me había acostumbrado a pensar en la muerte por enfermedad como en un evento posible, y en tal caso inevitable y, en consecuencia, fuera del alcance de cualquier medida tomada por nosotros. Y ni siquiera se me pasaba por la cabeza que habría podido establecerme en otro cuarto, en otra barraca con menos peligro de contagio; aquí estaba la estufa, obra nuestra, que difundía una maravillosa tibieza; y aquí tenía una cama; y, en fin, ahora nos unía un lazo, a nosotros, los once enfermos de la *Infektionsabteilung*.

Se oía de tarde en tarde un fragor cercano y lejano de artillería y, a intervalos, una crepitación de fusiles automáticos. En la oscuridad, rota únicamente por el enrojecimiento de las brasas, Charles, Arthur y yo estábamos sentados fumando cigarrillos de hierbas aromáticas encontradas en la cocina y hablando de muchas cosas pasadas y futuras. En medio de la inmensa llanura llena de hielo y de guerra, nos sentíamos en paz con nosotros y con el mundo. Estábamos deshechos de cansancio pero nos parecía, después de tanto tiempo, haber hecho por fin algo útil; quizás como Dios tras el primer día de la creación.

20 de enero. Llegó el alba y yo estaba de turno para encender la estufa. Además de la debilidad, el dolor de las articulaciones me recordaba a cada instante que mi escarlatina estaba lejos de haber desaparecido. El pensamiento de tener que zambullirme en el aire helado en busca de fuego por las otras barracas me hacía temblar de espanto.

Me acordé de las piedras de mechero; empapé en alcohol una hojita de papel y, con paciencia, saqué de una piedra un montoncito de polvo negro, después empecé a rascar con más fuerza la piedra con el cuchillo. Y, tras haber arrancado unas chispas, el montoncito se incendió y del papel se levantó una llamita pálida de alcohol.

Arthur bajó entusiasmado de la litera y calentó tres patatas por cabeza de entre las hervidas el día anterior; después de lo cual, hambrientos y tiritando, Charles y yo partimos de nuevo a explorar el campo en ruinas.

Nos quedaban víveres (es decir, patatas) sólo para dos días; para el agua, estábamos reducidos a fundir la nieve, operación penosa debido a la falta de recipientes grandes, de la que se obtenía un líquido negruzco y turbio que teníamos que filtrar.

El campo estaba en silencio. Otros espectros hambrientos deambulaban explorando como nosotros: barbas ya largas, ojos hundidos, miembros esqueléticos y amarillentos entre los andrajos. Mal sostenidos por las piernas, entrábamos y salíamos de los barracones desiertos sacando de ellos los más diferentes objetos: contraventanas, cubos, cazos, clavos: todo podía servir, y los más previsores ya pensaban en fructuosas operaciones mercantiles con los polacos de los campos circundantes.

En la cocina, dos andaban a la greña por las últimas patatas podridas. Se habían agarrado por los andrajos y se golpeaban con curiosos gestos lentos e inseguros, vituperándose en yiddish por entre los labios helados.

En el patio del almacén había dos grandes montones de coles y de nabos (los gordos nabos insípidos, base de nuestra alimentación). Estaban tan helados que sólo se podían separar con el pico. Charles y yo nos alternamos, echando todas nuestras energías en cada golpe, y extrajimos unos cincuenta kilos. Hubo algo más: Charles encontró un paquete de sal y (*¡une fameuse trouvaille!)* un bidón de agua de quizás medio hectolitro en estado de hielo macizo.

Lo cargamos todo en una carretilla (servían antes para distribuir el rancho en las barracas: había muchas abandonadas por todas partes) y nos volvimos empujándola trabajosamente sobre la nieve.

Durante aquel día nos contentamos también con patatas hervidas y rodajas de nabo asado en la estufa, pero para el día siguiente Arthur nos prometió importantes innovaciones.

Por la tarde, fui al ex ambulatorio en busca de algo útil. Se me habían adelantado: todo estaba estropeado por saqueadores inexpertos. Ni una botella entera; en el suelo, una capa de pingajos, estiércol y material de enfermería, un cadáver desnudo y retorcido. Pero he aquí algo que se les había escapado a mis predecesores: una batería de camión. Toqué los polos con el cuchillo: una chispita. Estaba cargada.

Por la noche, nuestra habitación tenía luz.

Metido en la cama, veía por la ventana un largo trecho de carretera: pasaba por él, desde hacía tres días, la Wehrmacht fugitiva. Carros blindados, carros «tigre» camuflados de blanco, alemanes a caballo, alemanes en bicicleta, alemanes a pie, armados y desarmados. Se oía en la noche el estruendo de las cremalleras mucho antes de que los carros estuviesen visibles.

Preguntaba Charles:

—*Ça roule encore?*

—*Ça roule toujours.*

Parecía que no iba a terminar nunca.

21 de enero. Pero terminó. Con el alba del 21 la llanura apareció desierta y rígida, blanca hasta donde llegaba la vista bajo el vuelo de los cuervos, mortalmente triste.

Casi habría preferido seguir viendo algo que se moviese. También habían desaparecido los paisanos polacos, agazapados quién sabe dónde. Parecía que el viento se había parado por fin. Sólo una cosa habría deseado: quedarme en la cama bajo las mantas, abandonarme al cansancio total de los músculos, los nervios y la voluntad; esperar que todo acabase, o no acabase, lo mismo daba, como un muerto.

Pero Charles ya había encendido la estufa, el hombre Charles, el alegre, confiado y amigo, y me llamaba al trabajo:

—*Vas-y, Primo, descends-toi de là-haut; il y a Jules à attraper par les oreilles...*

«Jules» era el cubo de la letrina, que todos los días había que coger por las asas, llevarlo fuera y verterlo en el pozo negro: era ésta la primera faena de la jornada, y si se piensa que no era posible lavarse las manos y que tres de los nuestros estaban enfermos de tifus, se comprenderá que no fuese un trabajo agradable.

Teníamos que inaugurar las coles y los nabos. Mientras yo iba a buscar leña, y Charles a recoger nieve para derretirla, Arthur movilizó a los enfermos que podían estar sentados para que ayudasen a mondar. Towarowski, Sertelet, Alcalai y Schenck respondieron a la llamada.

También Sertelet era un campesino de los Vosgos, de veinte años; parecía en buenas condiciones pero a medida que pasaban los días su voz iba adquiriendo un siniestro timbre nasal, que nos recordaba que la difteria raras veces perdona.

Alcalai era un vidriero judío de Tolosa; era muy tranquilo y sensato, padecía de erisipela en la cara.

Schenck era un comerciante eslovaco, judío: convaleciente de tifus, tenía un formidable apetito. Y también Towarowski judío franco-polaco, majadero y parlanchín, pero útil a nuestra comunidad debido a su comunicativo optimismo.

Mientras los enfermos trabajaban, con el cuchillo, cada uno sentado en su litera, Charles y yo nos dedicamos a buscar un sitio posible para las operaciones culinarias.

Una indescriptible suciedad había invadido todas las secciones del campo. Colmadas todas las letrinas, de cuyo mantenimiento ya no se cuidaba nadie, los disentéricos (eran más de un centenar) habían ensuciado todos los rincones del *Ka-Be*, llenado todos los cubos, todos los bidones antes destinados al rancho, todas las escudillas. No se podía dar un paso sin ver dónde iban a ponerse los pies; en la oscuridad era imposible desplazarse. Aun sufriendo con el frío, que seguía siendo muy intenso, pensábamos horrorizados en lo que habría sucedido si se nos hubiese echado encima el deshielo: las infecciones se habrían extendido sin obstáculos, el hedor se habría hecho sofocante y, además, una vez disuelta la nieve, nos habríamos quedado definitivamente sin agua.

Tras una larga búsqueda, encontramos por fin, en un local

dedicado antes a lavadero, unos pocos palmos de pavimento no excesivamente sucio. Encendimos un fuego vivo y, después, para ahorrar tiempo y complicaciones, nos desinfectamos las manos friccionándolas con cloramina mezclada con nieve.

La noticia de que se estaba cociendo un potaje se esparció rápidamente entre los semivivos; se formó en la puerta un grupo de caras famélicas. Charles, con el cazo levantado, les dirigió un vigoroso y breve discurso que, aun siendo en francés, no necesitaba traducción.

Los más se dispersaron pero uno se echó hacia adelante: era un parisino, sastre de categoría (decía él), enfermo de los pulmones. A cambio de un litro de potaje se pondría a nuestra disposición para cortarnos trajes de las numerosas mantas que quedaban en el campo.

Maxime demostró ser verdaderamente hábil. Al día siguiente Charles y yo teníamos chaqueta, pantalones y guantes de basto tejido de colores chillones.

Por la noche, después del primer potaje distribuido con entusiasmo y devorado con avidez, fue roto el gran silencio de la llanura. Desde nuestras literas, demasiado cansados para estar muy inquietos, tendíamos la oreja a los disparos de misteriosos cañones de artillería que parecían situados en todos los puntos del horizonte, y a los silbidos de los proyectiles por encima de nuestras cabezas.

Yo pensaba que la vida era bella afuera, y que todavía iba a ser bella, y habría sido verdaderamente una lástima dejarnos hundir ahora. Desperté a los enfermos que estaban adormilados y, cuando estuve seguro de que todos escuchaban, les dije, primero en francés, en mi mejor alemán después, que todos debíamos pensar ahora en volver a casa y que, en lo que de nosotros dependía, era preciso hacer algo y evitar algunas cosas. Que cada uno conservase cuidadosamente su escudilla y su cuchara; que ninguno le ofreciese a otro la sopa que eventualmente le sobrase; que nadie se bajase de la cama más que para ir a la letrina; quien necesitase algún servicio, que no se dirigiese más que a nosotros tres; Arthur estaba especialmente encargado de cuidarse de la disciplina y de la higiene y debía recordar que era mejor dejar las escudillas y las cucharas sucias que lavarlas con el peligro de cambiar la de un diftérico por la de un tifoso.

Tuve la impresión de que los enfermos sentían ya demasiada indiferencia por todo para preocuparse de lo que les había dicho; pero tenía mucha confianza en la diligencia de Arthur.

22 *de enero*. Si es valiente quien afronta un peligro grave con buen ánimo; Charles y yo fuimos valientes aquella mañana. Extendimos nuestras exploraciones al campo de los SS, inmediatamente fuera de la alambrada eléctrica.

Las guardias del campo debían de haber partido muy precipitadamente. Encontramos en las mesas platos medio llenos de menestra ya congelada, que devoramos con gran satisfacción; jarras todavía llenas de cerveza transformada en un hielo amarillento, un tablero con una partida empezada. En los cuartos, gran cantidad de cosas preciosas.

Nos llevamos una botella de vodka, varias medicinas, periódicos y revistas, y cuatro estupendas mantas acolchadas, una de las cuales está hoy en mi casa de Turín. Alegres e inconscientes, nos llevamos al cuartito el fruto de nuestra salida, confiándolo a la administración de Arthur. Hasta la noche no se supo lo que había sucedido quizás media hora más tarde.

Algunos SS, probablemente dispersos, pero armados, penetraron en el campo abandonado. Se encontraron con que dieciocho franceses se habían instalado en el refectorio de la SS-Waffe. Allí los mataron a todos metódicamente, de un tiro en la nuca, y alinearon después los cuerpos retorcidos en la nieve del camino; hecho lo cual, se fueron. Los dieciocho cadáveres se quedaron expuestos hasta la llegada de los rusos; nadie tuvo fuerzas para darles sepultura.

Por lo demás, en todas las barracas había ya camas ocupadas por cadáveres, tiesos como leños, a los que ninguno se ocupaba de llevarse de allí. La tierra estaba demasiado helada para que se pudiesen cavar fosas; muchos cadáveres fueron apilados en una zanja, pero ya desde los primeros días el montón emergía del hoyo y era ignominiosamente visible desde nuestra ventana.

Sólo una pared de madera nos separaba de la sección de los disentéricos. Allí eran muchos los moribundos, muchos los muertos. El suelo estaba cubierto por una capa de excrementos congelados. Nadie tenía ya fuerzas para salir de debajo de las mantas a buscar comida, y quien primero lo había hecho no había vuelto para socorrer a sus compañeros. En una misma cama, apretados para resistir mejor el frío, exactamente junto a la pared divisoria, estaban dos italianos: los oía hablar con frecuencia, pero como yo sólo hablaba francés, durante mucho tiempo no advirtieron mi presencia. Por casualidad oyeron mi nombre aquel día, pronunciado a la italiana por Charles, y desde entonces no pararon de gemir e implorar.

Naturalmente habría querido ayudarles si hubiese tenido los medios y las fuerzas; aunque sólo fuese para que cesase la obsesión de sus gritos. Por la noche, cuando todos los trabajos estuvieron terminados, venciendo la fatiga y el asco, me arrastré a tientas por el pasillo puerco y oscuro hasta su sección, con una escudilla de agua y las sobras de nuestro potaje del día. El resultado fue que desde entonces, a través de la delgada pared, toda la sección de los diarreicos me llamó noche y día por mi nombre, con las inflexiones de todas las lenguas de Europa, acompañado de súplicas incomprensibles, sin que yo pudiese ponerle remedio. Me sentía al borde del llanto, los habría maldecido.

La noche nos reservaba feas sorpresas.

Lakmaker, el de la litera de debajo de la mía, era un calamitoso desecho humano. Era (o había sido) un judío holandés de diecisiete años, alto, delgado y apacible. Estaba en cama desde hacía tres meses, no sé cómo se había escapado de las selecciones. Había tenido sucesivamente el tifus y la escarlatina; mientras tanto se le había manifestado un grave trastorno cardíaco, y estaba lleno de llagas de decúbito, tanto que no podía yacer más que sobre el vientre. A pesar de todo esto, un apetito feroz; no hablaba más que holandés, ninguno de nosotros estaba en condiciones de entenderlo.

Quizás la causa de todo fue la menestra de coles y nabos, de la que Lakmaker había querido dos raciones. En mitad de la noche gimió y luego se tiró de la cama. Quería llegar a la letrina pero estaba demasiado débil y se cayó al suelo, llorando y gritando fuerte.

Charles encendió la luz (el acumulador demostró ser providencial) y pudimos darnos cuenta de la gravedad del incidente. La litera del muchacho y el suelo estaban ensuciados. El olor, en aquel reducido ambiente, se hacía rápidamente insoportable. No teníamos más que una mínima provisión de agua y carecíamos de mantas y de jergones de recambio. Y el pobrecillo tifoso era un terrible foco de infección; por supuesto, no se le podía dejar toda la noche en el suelo gimiendo y temblando de frío en medio de la suciedad.

Charles bajó de la cama y se vistió en silencio. Mientras yo sostenía la luz, cortó con el cuchillo todas las partes sucias del jergón y de la manta: levantó del suelo a Lakmaker con delicadeza maternal, lo limpió lo mejor que pudo con paja sacada del jergón y lo colocó en la cama vuelta a hacer en la única posición en que podía yacer el desgraciado: raspó el suelo con un pedazo de chapa; diluyó un poco de cloramina y, finalmente, lo roció todo de desinfectante, y también a sí mismo.

Yo medía su abnegación con el cansancio que habría tenido que vencer en mí para hacer todo lo que él estaba haciendo.

23 de enero. Nuestras patatas se habían acabado. Circulaba desde hacía unos días por los barracones el rumor de que había un enorme silo de patatas en algún sitio, fuera del alambre de púas, no lejano del campo.

Algún pionero desconocido debió de haber hecho pacientes investigaciones, o alguien debía saber con precisión el sitio: en efecto, la mañana del 23 un trecho de alambre de púas había sido derribado y una procesión doble de miserables salía y entraba por la abertura.

Charles y yo partimos, en el viento de la llanura lívida. Fuimos más allá de la barrera abatida.

—*Dis donc, Primo, on est dehors?*

Así era: por primera vez desde el día de mi arresto, me encontraba libre, sin guardias armados, sin alambradas entre yo y mi casa.

A unos cuatrocientos metros del campo, se encontraban las patatas: un tesoro. Dos fosas larguísimas llenas de patatas y recubiertas de tierra alternada con paja para defenderlas del hielo. Nadie se moriría ya de hambre.

Pero la extracción no era un trabajo de nada. Debido al hielo, la superficie del terreno estaba dura como el mármol. Mediante un arduo trabajo de pico se conseguía perforar la costra y poner al descubierto el depósito; pero los más preferían meterse en los agujeros abandonados por los otros, llegando muy adentro y pasándoles las patatas a los compañeros que estaban afuera.

Un viejo húngaro había sido sorprendido allí por la muerte. Yacía rígido en el acto del hambriento: cabeza y hombros bajo el montón de tierra, el vientre en la nieve, tendía las manos a las patatas. Quien llegó después apartó el cadáver a un metro y reanudó el trabajo a través de la apertura que había quedado libre.

A partir de entonces nuestra comida mejoró. Además de las patatas cocidas y el potaje de patatas, ofrecimos a nuestros enfermos buñuelos de patatas, según una receta de Arthur: se raspan patatas crudas y se ponen con otras cocidas y deshechas; la mezcla se tuesta en una chapa muy caliente. Sabían a hollín.

Pero Sertelet, cuya enfermedad progresaba, no pudo probarlos. Además de hablar con un acento cada vez más nasal, aquel día no logró tragar debidamente ningún alimento: algo se le había estropeado en la garganta, cada bocado amenazaba sofocarlo.

Fui a buscar a un médico húngaro que se había quedado como enfermo en la barraca de enfrente. Al oír hablar de difteria dio tres pasos hacia atrás y me ordenó salir.

Por puras razones de propaganda les hice a todos instilaciones nasales de aceite alcanforado. Le aseguré a Sertelet que iba a sentarle bien: yo mismo trataba de convencerme de ello.

24 de enero. Libertad. La brecha del alambre de púas nos ofrecía su imagen concreta. Pensándolo con atención quería decir que ya no había alemanes, no había más selecciones, nada de trabajo, nada de golpes, nada de listas y, quizás dentro de poco, la vuelta.

Pero había que hacer un esfuerzo para convencerse y ninguno tenía tiempo de alegrarse. Alrededor todo era destrucción y muerte.

El montón de cadáveres de enfrente de nuestra ventana se derrumbaba ya fuera de la zanja. A pesar de las patatas, la debilidad de todos era extrema: en el campo ningún enfermo se curaba, por el contrario, muchos enfermaban de pulmonía y de diarrea: los que no habían estado en condiciones de moverse o no habían tenido energía para hacerlo yacían entumecidos en las literas, rígidos de frío, y nadie se daba cuenta de cuándo se morían.

Todos los demás estaban espantosamente cansados: después de haber estado meses y años en el Lager, no son las patatas las que pueden devolverle las fuerzas a un hombre. Cuando, una vez terminada la cocción, Charles y yo habíamos arrastrado los veinticinco litros de potaje diario del lavadero a la habitación, debíamos echarnos jadeantes en la litera, mientras Arthur, diligente y doméstico, hacía el reparto, procurando que sobrasen las tres raciones de *rabiot pour les travailleurs* y un poco de lo del fondo *pour les italiens d'à côté.*

En el segundo cuarto de Infecciosos, también contiguo al nuestro y ocupado en su mayoría por tuberculosos, la situación era muy diferente. Todos los que habían podido hacerlo habían ido a establecerse en otras barracas. Los compañeros más graves y más débiles se morían uno a uno en soledad.

Yo había entrado allí una mañana para pedir prestada una aguja. Un enfermo jadeaba entre estertores en una de las literas de arriba. Me oyó, se alzó para sentarse, luego se quedó colgado cabeza abajo fuera del borde, vuelto hacia mí, con el busto y los brazos rígidos y los ojos en blanco. El de la litera de abajo, automáticamente, alzó los brazos para sujetar aquel cuerpo y se dio cuenta entonces de que estaba muerto. Cedió lentamente bajo el peso, el otro resbaló hasta el suelo y allí se quedó. Nadie sabía su nombre.

Pero en la barraca 14 había sucedido algo nuevo. Allí los obreros habían ido mejorando y algunos estaban en bastante buenas condiciones. Organizaron una expedición al campo de los ingleses prisioneros de guerra, que se presumía había sido evacuado. Fue una empresa fructífera. Volvieron vestidos de caqui, con una carretilla llena de maravillas nunca vistas: margarina, polvos de budín, tocino, harina de soja, aguardiente.

Por la tarde, en la barraca 14 estaban cantando.

Ninguno de nosotros se sentía con fuerza para hacer los dos kilómetros de camino al campo de los ingleses y volver con la carga. Pero, indirectamente, la afortunada expedición fue ventajosa para muchos. El desigual reparto de los bienes provocó un nuevo florecimiento de la industria y el comercio. En nuestro cuartucho de atmósfera mortal nació una fábrica de velas con mecha empapada de ácido bórico, hechas con moldes de cartón. Los ricos de la barraca 14 absorbían toda nuestra producción y nos pagaban con tocino y harina.

Yo mismo había encontrado el bloque de cera virgen en el *Elektromagazin*; recuerdo la expresión de contrariedad de los que me vieron llevármelo, y el diálogo que siguió:

—¿Qué quieres hacer con eso?

No era caso de descubrir un secreto de fabricación; me oí responder con las palabras que había oído a menudo a los antiguos del campo, y que contienen su jactancia preferida: la de ser «buenos prisioneros», gente apta que siempre sabe arreglárselas:

—*Ich verstehe verschiedene Sachen...* (entiendo de bastantes cosas...).

25 de enero. Fue el turno de Sómogyi. Era un químico húngaro de unos cincuenta años, delgado, alto y taciturno. Como el holandés, estaba convaleciente de tifus y de escarlatina; pero le sobrevino algo nuevo. Fue presa de una fiebre muy alta. Desde hacía tal vez cinco días no había dicho palabra: abrió la boca aquel día y dijo con voz enérgica:

—Tengo una ración de pan debajo del jergón. Repartíosla vosotros tres. Yo ya no volveré a comer.

No supimos qué decir, pero de momento no tocamos el pan. Se le había hinchado la mitad de la cara. Mientras permaneció consciente, continuó encerrado en un silencio áspero.

Pero por la tarde, y durante toda la noche, y durante dos días sin interrupción, el silencio fue roto por el delirio. Entregado a un último e interminable sueño de liberación y esclavitud, empezó a murmurar *Jawohl* a cada expiración de aire; regular y constante como una máquina, *Jawohl* a cada bajada de su pobre hilera de costillas, miles de veces, hasta dar ganas de sacudirlo, de sofocarlo, o de que, por lo menos, cambiase de palabra.

Nunca he comprendido como entonces lo trabajosa que es la muerte de un hombre.

Afuera, todavía el silencio absoluto. El número de cuervos había aumentado mucho, y todos sabían por qué. Sólo a largos intervalos se despertaba el diálogo de la artillería.

Todos se decían unos a otros que pronto, de repente, llegarían los rusos; todos lo proclamaban, todos estaban seguros, pero nadie lograba convencerse de ello. Porque en el Lager se pierde la costumbre de esperar, y también la confianza en la propia razón. En el Lager pensar es inútil, porque los acontecimientos se desarrollan las más de las veces de manera imprevisible; y es perjudicial, porque mantiene viva una sensibilidad que es fuente de dolor y que alguna próvida ley natural embota cuando los sufrimientos exceden un límite determinado.

Lo mismo que de la alegría, del miedo, del mismo dolor, así se cansa uno de la espera. Llegados al 25 de enero, rotas desde hacía ocho días las relaciones con aquel feroz mundo que sin embargo era un mundo, los más de entre nosotros estaban demasiado agotados incluso para esperar.

Por la noche, alrededor de la estufa, una vez más Carlos, Arthur y yo sentíamos que volvíamos a ser hombres. Podíamos hablar de todo. Me apasionaba la conversación de Arthur sobre la manera en que pasan los domingos en Provenchères, en los Vosgos, y Charles casi lloraba cuando le hablé del armisticio en Italia, del principio confuso y desesperado de la resistencia partisana, del hombre que nos había traicionado y de nuestra captura en las montañas.

En la oscuridad, detrás y sobre nosotros, los ocho enfermos no se perdían una sílaba, incluso los que no entendían francés. Sólo Sómogyi se encarnizaba en confirmar a la muerte su entrega.

26 de enero. Yacíamos en un mundo de muertos y de larvas. La última huella de civismo había desaparecido alrededor de nosotros y dentro de nosotros. La obra de bestialización de los alemanes triunfantes había sido perfeccionada por los alemanes derrotados.

Es hombre quien mata, es hombre quien comete o sufre injusticias; no es hombre quien, perdido todo recato, comparte la cama con un cadáver. Quien ha esperado que su vecino terminase de morir para quitarle un cuarto de pan, está, aunque sin culpa suya, más lejos del hombre pensante que el más zafio pigmeo y el sádico más atroz.

Parte de nuestra existencia reside en las almas de quien se nos aproxima: he aquí por qué es no humana la experiencia de quien ha vivido días en que el hombre ha sido una cosa para el hombre. Nosotros tres fuimos en gran parte inmunes, y nos debemos por ello mutua gratitud; es por lo que mi amistad con Charles resistirá al tiempo.

Pero a miles de metros sobre nosotros, en los desgarrones que hay entre las nubes grises, se desarrollaban los complicados milagros de los duelos aéreos. Sobre nosotros, desnudos, impotentes, inermes, unos hombres de nuestro tiempo procuraban su muerte recíproca con los más refinados instrumentos. El gesto de uno de sus dedos podía provocar la destrucción del campo entero, aniquilar a millares de hombres; mientras la suma de todas nuestras energías y voluntades no habría bastado para prolongar ni un minuto la vida de uno solo de nosotros.

La zarabanda cesó por la noche y la habitación estuvo de nuevo llena del monólogo de Sómogyi.

En plena oscuridad me desperté sobresaltado. *L'pauv' vieux* callaba: había terminado. Con el último sobresalto de vida se había tirado al suelo desde la litera: oí el golpe de las rodillas, de las caderas, de la espalda y de la cabeza.

—*La mort l'a chassé de son lit* —definió Arthur.

Desde luego no podíamos llevarlo afuera por la noche. No nos quedaba más remedio que dormirnos.

27 de enero. El alba. En el suelo, el infame revoltijo de miembros secos, la cosa Sómogyi.

Hay trabajos más urgentes: no podemos lavarnos, no podemos tocarlo hasta después de haber cocinado y comido. Y además *...rien de si dégoûtant que les débordements*, dice justamente Charles; hay que vaciar la letrina. Los vivos son más exigentes; los muertos pueden esperar. Nos ponemos a trabajar como todos los días.

Los rusos llegaron mientras Charles y yo llevábamos a Sómogyi cerca de allí. Pesaba muy poco. Volcamos la camilla en la nieve gris.

Charles se quitó la gorra. Yo sentí no tener gorra.

De los once de la *Infektionsabteilung*, fue Sómogyi el único que murió en los diez días. Sertelet, Cagnolati, Towarowski, Lakmaker y Dorget (de este último no he hablado hasta ahora; era un industrial francés que, después de operado de peritonitis, se había enfermado de difteria nasal), murieron unas semanas más tarde en la enfermería rusa provisional de Auschwitz. En abril me encontré en Katowice con Schenck y Alcalai, que estaban con buena salud. Arthur se reunió felizmente con su familia, y Charles ha vuelto a su profesión de maestro; nos hemos escrito largas cartas y espero volverlo a ver algún día.

Apéndice de 1976

He redactado este apéndice en 1976 para la edición escolar de *Si esto es un hombre*, en respuesta a las preguntas que constantemente me hacen los lectores estudiantes. Sin embargo, ya que aquéllas coinciden ampliamente con las preguntas que recibo de mis lectores adultos, me pareció adecuado incorporar íntegramente mis respuestas también en esta edición.

Alguien, hace mucho tiempo, escribió que también los libros, como los seres humanos, tienen un destino, imprevisible, distinto del que para ellos se deseaba y que de ellos se esperaba. También este libro ha tenido un extraño destino. Su acta de nacimiento es remota: se la puede hallar en una de sus páginas (la número 153 de esta edición), en donde se puede leer que «escribo aquello que no sabría decir a nadie»: tan fuertemente sentíamos la necesidad de relatar, que había comenzado a redactar el libro allí, en ese laboratorio alemán lleno de hielo, de guerra y de miradas indiscretas, aun sabiendo que de ninguna manera habría podido conservar esos apuntes garabateados como mejor podía; que habría debido tirarlos en seguida, porque si me los hubieran encontrado encima me habrían costado la vida.

Pero escribí el libro apenas regresé, en unos pocos meses: a tal punto los recuerdos me quemaban por dentro. Rechazado por algunos grandes editores, el manuscrito fue aceptado en 1947 por una pequeña editorial dirigida por Franco Antonicelli: se imprimieron 2.500 ejemplares, luego la editorial se disolvió y el libro cayó en el olvido, entre otras cosas porque en esos tiempos de áspera postguerra la gente no tenía muchas ganas de regresar con la memoria a los dolorosos años que acababan de pasar. Halló nueva vida sólo en 1958, cuando fue reimpreso por el editor Einaudi, y desde entonces el interés del público nunca faltó. Se tradujo a seis lenguas y fue adaptado para la radio y el teatro.

Fue acogido por estudiantes y enseñantes con un favor que superó todas las expectativas, tanto del editor como mías. Centenares de clases, de todas las regiones de Italia, me invitaron a comentar el libro, por escrito o, si fuese posible, personalmente: dentro de los límites de mis ocupaciones, he respondido siempre afirmativamente a estos pedidos, al punto de que de buen grado he debido agregar a mis dos oficios un tercero, el de presentador y comentarista de mí mismo o, mejor dicho, de aquel lejano yo que había vivido la aventura de Auschwitz y la había narrado. Durante estos numerosos encuentros con mis lectores estudiantes he debido responder a muchas preguntas: ingenuas o no, conmovidas o provocadoras, superficiales o fundamentales. Me di cuenta muy pronto de que algunas de estas preguntas se repetían con frecuencia, que nunca faltaban: debían pues nacer de una curiosidad motivada y razonada, a la que de algún modo el texto del libro no daba satisfactoria respuesta. Me propongo responder a estas preguntas aquí.

1. *En su libro no hay expresiones de odio hacia los alemanes, ni rencor, ni deseo de venganza. ¿Los ha perdonado?*

Por naturaleza el odio no me viene fácilmente. Lo considero un sentimiento animal y torpe, y prefiero en cambio que mis acciones y mis pensamientos, dentro de lo posible, nazcan de la razón; por ello nunca cultivé en mí mismo el odio como deseo primitivo de revancha, de sufrimiento infligido a mi enemigo real o presunto, de venganza privada. Debo agregar que, por lo que creo percibir, el odio es personal, se dirige a una persona, un hombre, un rostro: pero nuestros perseguidores de entonces no tenían rostro ni nombre, lo demuestran las páginas de este libro: estaban alejados, eran invisibles, inaccesibles. El sistema nazi, prudentemente, hacía que el contacto directo entre esclavos y señores se redujese al mínimo. Habréis notado que en este libro se describe un solo encuentro del autor-protagonista con un SS (p. 173), y no es casual que tenga lugar sólo durante los últimos días, en el Lager en descomposición, una vez que el sistema ha estallado.

Por lo demás, en los meses en que este libro fue escrito, en 1946, el nazismo y el fascismo parecían realmente carecer de rostro: parecían haber vuelto a la nada, desvanecidos como un sueño monstruoso, según justicia y mérito, tal como desaparecen los fantasmas al cantar del gallo. ¿Cómo habría podido cultivar el rencor, querer la venganza contra un conjunto de fantasmas?

Pocos años después Europa e Italia se dieron cuenta de que se trataba de una ingenua ilusión: el fascismo estaba muy lejos de haber muerto, sólo estaba escondido, enquistado; estaba mutando de piel, para presentarse con piel nueva, algo menos reconocible, algo más respetable, mejor adaptado al nuevo mundo que había salido de la catástrofe de esa Segunda Guerra Mundial que el fascismo mismo había provocado. Debo confesar que ante ciertos rostros no nuevos, ante ciertas viejas mentiras, ante ciertas figuras en busca de respetabilidad, ante ciertas indulgencias, ciertas complicidades, la tentación de odiar nace en mí, y hasta con alguna violencia: pero yo no soy fascista, creo en la razón y en la discusión como supremos instrumentos de progreso, y por ello antepongo la justicia al odio. Por esta misma razón, para escribir este libro he usado el lenguaje mesurado y sobrio del testigo, no el lamentoso lenguaje de la víctima ni el iracundo lenguaje del vengador: pensé que mi palabra resultaría tanto más creíble cuanto más objetiva y menos apasionada fuese; sólo así el testigo en un juicio cumple su función, que es la de preparar el terreno para el juez. Los jueces sois vosotros.

No querría empero que el abstenerme de juzgar explícitamente se confundiese con un perdón indiscriminado. No, no he perdonado a ninguno de los culpables, ni estoy dispuesto ahora ni nunca a perdonar a ninguno, a menos que haya demostrado (en los hechos: no de palabra, y no demasiado tarde) haber cobrado conciencia de las culpas y los errores del fascismo nuestro y extranjero, y que esté decidido a condenarlos, a erradicarlos de su conciencia y de la conciencia de los demás. En tal caso sí, un no cristiano como yo, está dispuesto a seguir el precepto judío y cristiano de perdonar a mi enemigo; pero un enemigo que se rectifica ha dejado de ser un enemigo.

2. *¿Los alemanes sabían? ¿Los aliados sabían? ¿Cómo es posible que el genocidio, el exterminio de millones de seres humanos, haya podido llevarse a cabo en el corazón de Europa sin que nadie supiese nada?*

El mundo en que vivimos hoy nosotros, los occidentales, presenta muchos y muy graves defectos y peligros, pero con respecto al mundo de ayer goza de una enorme ventaja: todos pueden saber inmediatamente todo acerca de todo. La información es hoy «el cuarto poder»: al menos en teoría, el cronista y el periodista tienen vía libre en todas partes, nadie puede detenerlos ni alejarlos ni hacerlos callar. Todo es fácil: si uno quiere, escucha la radio de su país o de cualquier país; va hasta el kiosco y elige los periódicos que prefiere, italiano de cualquier tendencia, o americano, o soviético, dentro de una amplia gama de alternativas; puede comprar y leer los libros que quiera, sin peligro de que se lo inculpe por «actividades antiitalianas» ni de que sea allanada su casa por la policía política. Desde luego, no es sencillo sustraerse a *todo* condicionamiento, pero por lo menos es posible elegir el condicionamiento que uno prefiere.

En un Estado autoritario no es así. La Verdad es sólo una, proclamada desde arriba; los diarios son todos iguales, todos repiten esta única idéntica verdad; así también las radios, y no es posible escuchar las de los otros países porque, en primer lugar, tratándose de un delito, el riesgo es el de ir a parar a la cárcel; en segundo lugar, las transmisoras del propio país emiten en las frecuencias apropiadas una señal perturbadora que se superpone a los mensajes extranjeros impidiendo su escucha. En cuanto a los libros, sólo se publican y se traducen los que agradan al Estado: los demás hay que irlos a buscar al extranjero e introducirlos en el propio país a propio riesgo, puesto que se los considera más peligrosos que la droga o los explosivos, y si se los descubre en la frontera son confiscados y su portador es castigado. Con los libros no gratos, o ya no gratos de épocas anteriores, se encienden hogueras públicas en las plazas. Así era Italia entre 1924 y 1945; así, la Alemania nacionalsocialista; así sigue siendo en muchos países, entre los que es doloroso tener que incluir a la Unión Soviética, que tan heroicamente supo luchar contra el fascismo. En un Estado autoritario se considera lícito alterar la verdad, reescribir retrospectivamente la Historia, distorsionar las noticias, suprimir las verdaderas, agregar falsas: la propaganda sustituye a la información. De hecho, en estos países no se es ciudadano, detentador de derechos, sino súbdito y, como tal, deudor al Estado (y al dictador que lo encarna) de fanática lealtad y sojuzgada obediencia.

Es evidente que en tales condiciones es posible (si bien no siempre fácil: nunca es fácil violentar a fondo la naturaleza humana) borrar fragmentos incluso amplios de la realidad. En la Italia fascista, la operación de asesinar al diputado socialista Matteotti y acallar todo el asunto al cabo de pocos meses dio buen resultado; Hitler, y su ministro de propaganda Joseph Goebbels, demostraron ser muy superiores a Mussolini en esta tarea de control y enmascaramiento de la verdad.

Sin embargo, esconder del pueblo alemán el enorme aparato de los campos de concentración no era posible, y además (desde el punto de vista de los nazis) no era deseable. Crear y mantener en el país una atmósfera de indefinido terror formaba parte de los fines del nazismo: era bueno que el pueblo supiese que oponerse a Hitler era extremadamente peligroso. Efectivamente, cientos de miles de alemanes fueron encerrados en los Lager desde los comienzos del nazismo: comunistas, socialdemócratas, liberales, judíos, protestantes, católicos, el país entero lo sabía, y sabía que en los Lager se sufría y se moría.

No obstante, es cierto que la gran masa de alemanes ignoró siempre los detalles más atroces de lo que más tarde ocurrió en los Lager: el exterminio metódico e industrializado en escala de millones, las cámaras de gas tóxico, los hornos crematorios, el abyecto uso de los cadáveres, todo esto no debía saberse y, de hecho, pocos lo supieron antes de terminada la guerra. Para mantener el secreto, entre otras medidas de precaución, en el lenguaje oficial sólo se usaban eufemismos cautos y cínicos: no se escribía «exterminación» sino «solución final», no «deportación» sino «traslado», no «matanza con gas» sino «tratamiento especial», etcétera. No sin razón, Hitler temía que estas horrorosas noticias, una vez divulgadas, comprometieran la fe ciega que le tributaba el país, como así la moral de las tropas de combate; además, los aliados se habrían enterado y las habrían utilizado como instrumento de propaganda: cosa que, por otra parte, ocurrió, si bien a causa de la enormidad de los horrores de los Lager, descritos repetidamente por la radio de los aliados, no ganaron el crédito de la gente.

El resumen más convincente de la situación de entonces en Alemania la he hallado en el libro *Der SS Staat (El Estado de las SS)*, de Eugen Kogon, ex prisionero en Buchenwald y luego profesor de Ciencias Políticas en la Universidad de Munich:

> ¿Qué sabían los alemanes acerca de los campos de concentración? A más del hecho concreto de su existencia, casi nada, y aún hoy saben poco. Indudablemente, el método de mantener

rigurosamente secretos los detalles del sistema terrorista, indeterminando así la angustia y por ende haciéndola mucho más honda, se mostró eficaz. Como dije en otra parte, incluso muchos funcionarios de la Gestapo ignoraban qué sucedía dentro de los Lager, a los que sin embargo enviaban sus prisioneros; la mayor parte de los prisioneros mismos tenían una idea bastante vaga del funcionamiento de su campo y de los métodos que ahí se empleaban. ¿Cómo iba a conocerlos el pueblo alemán? Quien ingresaba se encontraba ante un universo abismal, totalmente nuevo para él: ésta es la mejor demostración de la potencia y eficacia del secreto.

Y, sin embargo..., y sin embargo, no había un alemán que no supiese de la existencia de los campos, o que los considerase sanatorios. Pocos eran los alemanes que no tenían un pariente o un conocido en un campo, o que al menos no supiesen que tal o cual persona allí había sido enviada. Todos los alemanes eran testigos de la multiforme barbarie antisemita: millones de ellos habían presenciado, con indiferencia o con curiosidad, con desdén o quizá con maligna alegría, el incendio de las sinagogas o la humillación de los judíos y judías obligados a arrodillarse en el fango de la calle. Muchos alemanes habían sabido algo por las radios extranjeras, y muchos habían estado en contacto con prisioneros que trabajaban fuera de los campos. No pocos alemanes habían encontrado, en la calle o en las estaciones de ferrocarril, filas miserables de detenidos: en una circular fechada el 9 de noviembre de 1941 y dirigida por el jefe de Policía y de los Servicios de Seguridad a todas (...) las comisarías de Policía y a los comandantes de los Lager, se puede leer: «En particular, hemos debido constatar que durante los traslados a pie, por ejemplo de la estación al campo, un número apreciable de prisioneros cae muerto en la calle o desvanecido por agotamiento... Es imposible impedir que la población se entere de hechos semejantes». Ni siquiera un alemán podía ignorar que las cárceles estaban llenas a rebosar ni que en todo el país tenían lugar continuamente ejecuciones capitales; por miles se contaban los magistrados y funcionarios de policía, abogados, sacerdotes y asistentes sociales que sabían en términos generales que la situación era bastante grave. Muchos eran los hombres de nego-

> cios que tenían relaciones de proveedores con las SS de los Lager, los industriales que solicitaban mano de obra de trabajadores-esclavos a las oficinas administrativas y económicas de las SS, y los empleados de las oficinas de empleo que [...] estaban al corriente del hecho de que muchas grandes sociedades explotaban mano de obra esclava. No eran pocos los trabajadores que desarrollaban su actividad cerca de los campos de concentración o incluso dentro de los mismos. Varios profesores universitarios colaboraban con los centros de investigación médica instituidos por Himmler, y varios médicos del Estado y de los Institutos privados colaboraban con los asesinos profesionales. Buen número de miembros de la Aviación Militar habían sido trasladados a los locales de las SS, y debían seguramente estar al tanto de lo que allí sucedía. Muchos eran los altos oficiales del Ejército que conocían las matanzas masivas de prisioneros de guerra rusos en los Lager, y muchísimos los soldados y miembros de la Policía Militar que debían conocer con precisión qué horrores espantosos se cometían en los campos, en los *ghettos*, en las ciudades y zonas rurales de los territorios orientales ocupados. ¿Es acaso falsa una sola de estas afirmaciones?

A mi modo de ver, ninguna de estas afirmaciones es falsa, pero hay que agregar otra para completar el cuadro: pese a las varias posibilidades de informarse, la mayor parte de los alemanes no sabía porque no quería saber o más: porque quería no saber. Es cierto que el terrorismo de Estado es un arma muy fuerte a la que es muy difícil resistir, pero también es cierto que el pueblo alemán, globalmente, ni siquiera intentó resistir. En la Alemania de Hitler se había difundido una singular forma de urbanidad: quien sabía no hablaba, quien no sabía no preguntaba, quien preguntaba no obtenía respuesta. De esta manera el ciudadano alemán típico conquistaba y defendía su ignorancia, que le parecía suficiente justificación de su adhesión al nazismo: cerrando el pico, los ojos y las orejas, se construía la ilusión de no estar al corriente de nada, y por consiguiente de no ser cómplice, de todo lo que ocurría ante su puerta.

Saber, y hacer saber, era un modo (quizás tampoco tan peligroso) de tomar distancia con respecto al nazismo; pienso que el pueblo alemán, globalmente, no ha usado de ello, y de esta deliberada omisión lo considero plenamente culpable

3. *¿Había prisioneros que lograban escapar de los Lager? ¿Cómo es que no hubo rebeliones en masa?*

Éstas son preguntas que me hacen muy frecuentemente, y por ello deben nacer de alguna curiosidad o exigencia particularmente importante. Mi interpretación es optimista: los jóvenes de hoy sienten la libertad como un bien al que *de ninguna manera* se puede renunciar, y por eso, para ellos, la idea de cárcel está ligada inmediatamente con la idea de fuga o de rebelión. Por otra parte, es cierto que, según los códigos militares de muchos países, el prisionero de guerra ha de intentar liberarse por todos los medios, para volver a ocupar su puesto de combatiente, y que, según la Convención de La Haya, el intento de fuga no debe ser castigado. El concepto de evasión como obligación moral está continuamente reafirmado en la literatura romántica (¿os acordáis del conde de Montecristo?), en la literatura popular, en el cine, donde el héroe, injustamente (o justamente) encarcelado, intenta siempre evadirse, aun en las circunstancias menos verosímiles, y su tentativa se ve siempre coronada por el éxito.

Quizás sea bueno resentir la condición de prisionero, la no libertad, como una condición indebida, anormal: como una enfermedad en fin, que debe curarse mediante la fuga o la rebelión. Desgraciadamente este marco se asemeja bastante poco al marco real del campo de concentración.

Los prisioneros que intentaron fugarse, por ejemplo, de Auschwitz, fueron pocos centenares, y los que lo lograron fueron unas pocas decenas. La evasión era difícil y extremadamente peligrosa: los prisioneros estaban debilitados, además de desmoralizados, por el hambre y los malos tratos, tenían la cabeza rapada, ropas de rayas inmediatamente identificables, zapatos de madera que impedían el paso rápido y silencioso; no tenían dinero y, en general, no hablaban polaco, la lengua local, ni tenían contactos en la región —cuya geografía por otra parte desconocían—. Además, para reprimir las fugas se adoptaban represalias feroces: a quien atrapaban lo colgaban públicamente en la plaza de la Lista, a menudo después de torturarlo cruelmente; cuando se descubría una fuga, se consideraba a los amigos del evadido como cómplices suyos y se los dejaba morir de hambre en las celdas de la prisión, el barracón entero debía permanecer de pie durante veinticuatro horas y, a veces, se arrestaba y se deportaba a los Lager a los padres del «culpable».

A los SS que mataban a un prisionero que intentaba huir se les concedía una licencia premio: por ello solía suceder a menudo que un SS disparase a un prisionero que no tenía ninguna intención de escapar, únicamente con el fin de conseguir el premio. Este hecho aumenta artificialmente el número oficial de casos de fuga registrados en las estadísticas; como indiqué antes, el número real era en cambio muy pequeño. Dada esta situación, del campo de Auschwitz se evadieron con éxito sólo algunos prisioneros polacos «arios» (es decir, no judíos, según la terminología de entonces) que vivían no muy lejos del Lager y que por consiguiente tenían una meta a la que encaminarse y la seguridad de que la población los protegería. En los demás campos las cosas tuvieron lugar de manera análoga.

Por lo que respecta a la ausencia de rebeliones, se trata de algo distinto. En primer lugar cabe recordar que en algunos Lager hubo efectivamente insurrecciones: en Treblinka, en Sobibor y también en Birkenau, uno de los campos dependientes de Auschwitz. No tuvieron gran peso numérico: como la parecida insurrección del *ghetto* de Varsovia, fueron más bien ejemplos de extraordinaria fuerza moral. En todos los casos fueron planeadas y dirigidas por prisioneros de alguna manera privilegiados, por lo tanto en condiciones físicas y espirituales mejores que las de los prisioneros comunes. Esto no debe sorprender: sólo a primera vista puede parecer paradójico que se subleve quien menos sufre. También fuera de los Lager, las luchas raramente son lideradas por el subproletariado. Los «harapientos» no se rebelan.

En los campos para prisioneros políticos, o en donde éstos prevalecían, la experiencia conspiradora de éstos demostró ser preciosa, y a menudo se llegó, más que a rebeliones abiertas, a actividades de defensa bastante eficientes. Según el Lager y según las épocas, se logró por ejemplo chantajear o corromper a las SS, frenando así sus poderes indiscriminados; se logró sabotear el trabajo para las industrias de guerra alemanas; se logró organizar evasiones; se logró comunicar por radio con los aliados, dándoles noticias acerca de las horribles condiciones de los campos; se logró mejorar el tratamiento de los enfermos, sustituyendo a los médicos de las SS con médicos prisioneros; se logró «condicionar» las selecciones, mandando a la muerte a espías o traidores y salvando a prisioneros cuya supervivencia tenía por algún motivo particular importancia; se logró preparar, incluso militarmente, una resistencia en caso de que, al acercarse el frente, los nazis decidieran (como de hecho a menudo lo hicieron) liquidar totalmente los Lager.

En los campos en los que los judíos eran mayoría, como los de la zona de Auschwitz, una defensa activa o pasiva era particularmente difícil. Aquí los prisioneros, en general, carecían de casi toda experiencia organizativa o militar; provenían de todos los países de Europa, hablaban lenguas diferentes, y por ello no se entendían entre sí: sobre todo, tenían más hambre, estaban más débiles y cansados que los demás, porque sus condiciones de vida eran más duras y porque tenían frecuentemente tras de sí un largo historial de hambre, persecuciones y humillaciones en los *ghettos*. Por ende, la duración de su estancia en el Lager era trágicamente breve, constituían en definitiva una población fluctuante, continuamente disminuida por la muerte y renovada por las incesantes llegadas de nuevos cargamentos. Es comprensible que en un tejido humano tan deteriorado e inestable no prendiese fácilmente el germen de la rebelión.

Podríamos preguntarnos por qué no se rebelaban los prisioneros no bien bajaban del tren, que esperaban horas (¡a veces días!) antes de entrar a las cámaras de gas. Además de todo lo que he dicho, debo agregar que los alemanes habían perfeccionado, en esta empresa de muerte colectiva, una estrategia diabólicamente astuta y versátil. En la mayor parte de los casos, los recién llegados no sabían qué se les tenía preparado: se los recibía con fría eficiencia pero sin brutalidad, se los invitaba a desnudarse «para la ducha», a veces se les entregaba una toalla y jabón, y se les prometía un café para después del baño. Las cámaras de gas, en efecto, estaban camufladas como salas de duchas, con tuberías, grifos, vestuarios, perchas, bancos, etcétera. Cuando por el contrario un prisionero daba la menor muestra de saber o sospechar su destino inminente, las SS y sus colaboradores actuaban por sorpresa, intervenían con extremada brutalidad, gritando, amenazando, pateando, disparando y azuzando —contra esa gente perpleja y desesperada, marinada por cinco o diez días de viajes en vagones sellados— a sus perros adiestrados para despedazar hombres.

Siendo así las cosas, parece absurda y ofensiva la afirmación a veces formulada según la cual los judíos no se rebelaron por cobardía. Nadie se rebelaba. Baste recordar que las cámaras de gas de Auschwitz fueron puestas a prueba con un grupo de trescientos prisioneros de guerra rusos, jóvenes, con entrenamiento militar, preparados políticamente y sin el freno que representan mujeres y niños; tampoco ellos se rebelaron.

Querría finalmente agregar una consideración. La conciencia arraigada de que no se debe consentir la opresión sino resistir no estaba muy difundida en la Europa fascista, y era particularmente débil en Italia. Era patrimonio de un pequeño grupo de hombres políticamente activos, mas el fascismo y el nazismo los habían aislado, expulsado, aterrorizado o incluso destruido: no se debe olvidar que las primeras víctimas de los Lager alemanes, cientos de miles, fueron precisamente los cuadros de los partidos políticos antinazis. Al faltar su aportación, la voluntad popular de resistir, de organizarse para resistir, resurgió mucho más tarde, gracias sobre todo a la contribución de los partidos comunistas europeos que se lanzaron a la lucha contra el nazismo una vez que Alemania, en junio de 1941, agredió de improviso a la Unión Soviética rompiendo el acuerdo Ribbentrop-Molotov de septiembre de 1939. En definitiva, reprochar a los prisioneros el que no haya habido rebelión representa además un error de perspectiva histórica: significa pretender de ellos una conciencia política que hoy es patrimonio casi común, pero que entonces pertenecía solamente a una élite.

4. *¿Volvió usted a Auschwitz después de la liberación?*

Volví a Auschwitz en 1965, con ocasión de una ceremonia conmemorativa de la liberación de los campos. Como señalé en mis libros, el imperio concentracionario de Auschwitz no estaba formado por un solo Lager, sino por unos cuarenta: el campo de Auschwitz propiamente dicho se alzaba en la periferia de la pequeña ciudad del mismo nombre (Oświecim, en polaco), tenía capacidad para unos veinte mil prisioneros y, por así decir, era la capital administrativa del conjunto; además estaba el Lager (o más exactamente el grupo de Lager: de tres a cinco, según la época) de Birkenau, que llegó a contener a sesenta mil prisioneros, de los cuales cuarenta mil eran mujeres y en los que funcionaban las cámaras de gas y los hornos crematorios; y finalmente un número continuamente variable de campos de trabajo, alejados de la «capital» hasta cientos de kilómetros: mi campo, llamado Monowitz, era el más grande de éstos y había llegado a tener doce mil prisioneros. Estaba a unos siete kilómetros al este de Auschwitz. Toda esa zona se encuentra hoy en territorio polaco.

No me ha impresionado mucho visitar el Campo Central:

el gobierno polaco lo ha transformado en una especie de monumento nacional, los barracones han sido limpiados y pintados, han plantado árboles, diseñado canteros. Hay un museo en el que se exponen miserables trofeos: toneladas de cabellos humanos, centenares de miles de gafas, peines, brochas de afeitar, muñecas, zapatos de niños; pero no deja de ser un museo, algo estático, ordenado, manipulado. El campo entero me pareció un museo. En cuanto a mi Lager, ya no existe: la fábrica de goma a la que estaba vinculado, hoy en manos polacas, ha crecido hasta ocupar todo el terreno.

He sentido una angustia violenta, en cambio, al entrar en el Lager de Birkenau, que nunca había visto como prisionero. Aquí nada cambió: había barro y sigue habiendo barro, o en verano un polvo que sofoca; los barracones (los que no fueron incendiados con el paso del frente) están tal cual, bajos, sucios, hechos de tablones mal ensamblados y con el suelo de tierra apisonada; no hay literas sino tableros de madera desnuda, hasta el techo. Aquí nada ha sido embellecido. Venía conmigo una amiga, Giuliana Tedeschi, sobreviviente de Birkenau. Me hizo ver que sobre cada tablero de 1,80 por 2 dormían hasta nueve mujeres. Me hizo notar que por la ventanuca se ven las ruinas del crematorio; en esa época se veían llamas en la cúspide de la chimenea. Ella había preguntado a las veteranas: «¿Qué es ese fuego?», y le habían contestado: «Somos nosotras, que nos quemamos».

Ante el triste poder de evocación de esos sitios, cada uno de nosotros, los sobrevivientes, se comporta de manera distinta, pero se distinguen dos grandes categorías. Pertenecen a la primera categoría los que rehúsan regresar, o incluso hablar del tema; los que querrían olvidar pero no pueden, y viven atormentados por pesadillas; los que, al contrario, han olvidado, han extirpado todo y han vuelto a vivir a partir de cero. He notado que, en general, todos estos individuos fueron a parar al Lager «por desgracia», es decir sin un compromiso político preciso; para ellos el sufrimiento ha sido una experiencia traumática pero privada de significado y de enseñanza, como una calamidad o una enfermedad: el recuerdo es para ellos algo extraño, un cuerpo doloroso que se inmiscuyó en sus vidas, y han tratado (o aún tratan) de eliminarlo. La segunda categoría, en cambio, está constituida por los ex prisioneros «políticos», o en todo caso con preparación política, o con una convicción religiosa, o con una fuerte conciencia moral. Para estos sobrevivientes recordar es un deber: éstos no quieren olvidar, y sobre todo no quieren que el mundo olvide, porque han comprendido que su experiencia tenía sentido y que los Lager no fueron un accidente, un hecho imprevisto de la Historia.

Los Lager nazis han sido la cima, la culminación del fascismo en Europa, su manifestación más monstruosa; pero el fascismo existía antes que Hitler y Mussolini, y ha sobrevivido, abierto o encubierto, a su derrota en la Segunda Guerra Mundial. En todo el mundo, en donde se empieza negando las libertades fundamentales del Hombre y la igualdad entre los hombres, se va hacia el sistema concentracionario, y es éste un camino en el que es difícil detenerse. Conozco muchos ex prisioneros que han comprendido bien la terrible lección implícita en su experiencia, y que cada año vuelven a «su» campo llevando de la mano peregrinajes de jóvenes: yo mismo lo haría de buen grado si el tiempo me lo permitiese y si no supiera que logro el mismo fin escribiendo libros y aceptando comentarlos ante los estudiantes.

5. *¿Por qué habla usted sólo de los Lager alemanes, y no también de los rusos?*

Como escribí al contestar a la primera pregunta, prefiero la parte del testigo a la del juez: debo testimoniar sobre las cosas que sufrí y vi. Mis libros no son libros de historia: escribiéndolos me limité rigurosamente a hechos de los que tuve experiencia directa, y excluí aquellos de los que me enteré más tarde por los libros y los periódicos. Por ejemplo, notaréis que no he dado las cifras de la matanza de Auschwitz, ni he descrito los detalles de las cámaras de gas y de los crematorios: de hecho no conocía estos datos cuando estaba en el Lager, lo supe sólo después, cuando lo supo todo el mundo.

Por la misma razón no hablo en general de los Lager rusos: por suerte para mí no he estado en ellos y sólo podría repetir lo que he leído, es decir lo que saben todos aquellos que se han interesado en estos temas. Es evidente, sin embargo, que no quiero ni puedo sustraerme al deber, propio de todo hombre, de hacerse un juicio y formular una opinión. A la vez que las obvias semejanzas, entre los Lager soviéticos y los Lager nazis me parece que puedo observar diferencias sustanciales.

La diferencia principal consiste en su finalidad. Los Lager alemanes constituyen algo único en la no obstante sangrienta historia de la humanidad: al viejo fin de eliminar o aterrorizar al adversario político, unían un fin moderno y monstruoso, el de borrar del mundo pueblos y culturas enteros. A partir de más o menos 1941, se volvieron gigantescas máquinas de muerte: las cámaras de gas y los crematorios habían sido deliberadamente proyectados para destruir vidas y cuerpos humanos en una escala de millones; la horrenda primacía le corresponde a Auschwitz, con 24.000 muertos en un solo día de agosto de 1944. Los campos soviéticos no eran ni son, desde luego, sitios en los que la estancia sea agradable, pero no se buscaba expresamente en ellos, ni siquiera en los más oscuros años del estalinismo, la muerte de los prisioneros: era un hecho bastante frecuente, y se lo toleraba con brutal indiferencia, pero en sustancia no era querido; era, en fin, un subproducto debido al hambre, el frío, las infecciones, el cansancio. En esta lúgubre comparación entre dos modelos de infierno, hay que agregar que en los Lager alemanes, en general, se entraba para no salir: ningún otro fin estaba previsto más que la muerte. En cambio en los campos soviéticos siempre existió un término: en la época de Stalin los «culpables» eran condenados a veces a penas larguísimas (incluso de quince y veinte años) con espantosa liviandad, pero subsistía una esperanza de libertad, por leve que fuera.

De esta diferencia fundamental nacen las demás. Las relaciones entre guardias y prisioneros, en la Unión Soviética, están menos deshumanizadas: todos pertenecen al mismo pueblo, hablan la misma lengua, no son «superhombres» e «infrahombres» como bajo el nazismo. Los enfermos, aun mal, son atendidos; ante un trabajo demasiado duro una protesta es concebible, individual o colectiva; los castigos corporales son raros y no demasiado crueles: es posible recibir cartas y paquetes de víveres de casa; en una palabra, la personalidad humana no está negada ni se pierde totalmente. En contraposición, al menos por lo que hacía a los judíos y gitanos, en los Lager alemanes el exterminio era casi total: no se detenía ni siquiera ante los niños, que murieron por centenares de miles en las cámaras de gas, caso único entre las atrocidades de la historia humana. Como consecuencia general, los niveles de mortandad resultan ser bastante diferentes en los dos sistemas. Al parecer, en la Unión Soviética, en el período más duro, la mortandad era de un 30 por ciento de la totalidad de ingresados, un porcentaje sin duda intolerablemente alto; pero en los Lager alemanes la mortandad era del 90-98 por ciento.

Me parece muy grave la reciente innovación soviética por la cual algunos intelectuales disidentes son sumariamente declarados locos, encerrados en institutos psiquiátricos y sometidos a «curas» que no sólo provocan sufrimientos crueles sino que tuercen y debilitan las funciones mentales. Esto demuestra que la disidencia es temida: no se la castiga, pero se intenta demolerla mediante fármacos (o el miedo a los fármacos). Quizás esta técnica no esté muy difundida (al parecer estos internados políticos, en 1975, no superan el centenar), pero es odiosa porque implica el uso abyecto de la ciencia y una prostitución imperdonable de los médicos que tan servilmente se prestan a secundar la voluntad de las autoridades. Pone de manifiesto un extremado desprecio de la confrontación democrática y las libertades civiles.

En cambio, y por lo que respecta precisamente al aspecto cuantitativo, hay que señalar que en la Unión Soviética el fenómeno Lager está actualmente disminuyendo. Parece que alrededor de 1950 el número de prisioneros políticos era de millones; según Amnesty International (asociación apolítica que se propone socorrer a todos los prisioneros políticos, en todos los países e independientemente de sus opiniones), hoy, en 1976, no quedarían sino unos diez mil.

En conclusión, los campos soviéticos siguen siendo una manifestación deplorable de ilegalidad y deshumanización. Nada tienen que ver con el socialismo sino al contrario: se destacan en el socialismo soviético como una fea mancha; han de considerarse más bien como una barbarie heredada del absolutismo zarista de la que los gobiernos soviéticos no han sabido o no han querido liberarse. Quien lea *Memorias de la casa de los muertos*, escrito por Dostoievski en 1862, no tiene dificultad en reconocer los mismos rasgos carcelarios descrito por Soljenitsyn cien años después. Pero es posible, o más bien: es fácil imaginar un socialismo sin Lager: en muchas partes del mundo se lo ha conseguido. No es imaginable, en cambio, un nazismo sin Lager.

6. *De los personajes que aparecen en* Si esto es un hombre, *¿cuáles ha vuelto a ver después de la liberación?*

La mayoría de los personajes que aparecen en estas páginas debe darse por desaparecida desgraciadamente ya en los días del Lager o durante la tremenda marcha de evacuación de la que se habla en la página 168; otros murieron más tarde, de enfermedades contraídas durante la prisión, y de otros nunca he podido hallar rastros. Unos pocos sobreviven y he logrado mantener o restablecer contacto con ellos.

Vive, y se encuentra bien, Jean, el *Pikolo* del Canto de Ulises: su familia había sido destruida pero se volvió a casar a su regreso, tiene ahora dos hijos y lleva una vida muy tranquila como farmacéutico en una pequeña ciudad de provincia en Francia. Nos encontramos a veces en Italia, donde pasa sus vacaciones; otras veces fui yo a encontrarme con él. Extrañamente, ha olvidado mucho de su año en Monowitz: en él priman los atroces recuerdos del viaje de evacuación, durante el cual vio morir de agotamiento a todos sus amigos (entre ellos a Alberto).

Me veo con frecuencia con el personaje que he llamado Piero Sonnino (p. 58), el mismo que aparece como «César» en *La tregua*. También él, al cabo de un período difícil de readaptación, ha encontrado trabajo y ha fundado una familia. Vive en Roma. Cuenta de buen grado las vicisitudes de su estadía en el campo y de su largo viaje de regreso, pero en sus narraciones, que a menudo se convierten casi en monólogos teatrales, tiende a poner de manifiesto las aventuras de que ha sido protagonista antes que los hechos trágicos que presenció pasivamente.

He vuelto a ver a Charles. Había sido hecho prisionero en las colinas de los Vosgos, cerca de su casa, donde actuaba como *partigiano*, sólo en noviembre de 1944, y había permanecido en el Lager no más de un mes; pero este mes de sufrimiento, como los hechos feroces que había presenciado, lo habían marcado profundamente, quitándole toda la alegría de vivir y la voluntad de edificarse un futuro. Una vez repatriado, al cabo de un viaje no muy diferente del que cuento en *La tregua*, volvió a su oficio de maestro de la primaria en la minúscula escuela de su pueblo, en donde enseñaba a los niños también a criar abejas y a cultivar un vivero de abetos y pinos. Hace pocos años que se jubiló; se casó hace poco con una colega ya no joven, y juntos se construyeron una casa nueva, pequeña pero cómoda y graciosa. Fui a verlo dos veces, en 1951 y en 1974. En esta última visita me habló de Arthur, que vive en un pueblo no muy alejado, está viejo y enfermo y no desea recibir visitas que puedan despertarle viejas angustias.

Dramático, imprevisto y lleno de alegría mutua fue el encuentro con Mendi, el «rabino modernista» al que me refiero en pocas líneas en las páginas 74 y 114. Se reconoció leyendo casualmente en 1965 la traducción alemana de este libro: me recordó y me escribió una larga carta dirigida a la Comunidad Israelita de Turín. Nos escribimos extensamente, informándonos mutuamente del destino de nuestros amigos comunes. En 1967 fui a verlo a Dortmund, en Alemania Federal, en donde entonces era rabino: se conservaba igual, «tenaz, valeroso y agudo», y además extraordinariamente culto. Se casó con una ex prisionera de Auschwitz y tienen tres hijos ya grandes; la familia entera tiene la intención de establecerse en Israel.

No he vuelto a ver al *Doktor* Pannowitz, el químico que me había sometido a un frío «examen de estado», pero me dio noticias suyas el *Doktor* Müller, a quien dediqué el capítulo *Vanadio* en mi libro *El sistema periódico*. Ante la inminencia de la llegada del Ejército Rojo a la fábrica de la Buna, se comportó con prepotencia y cobardía: ordenó a sus colaboradores civiles que resistieran a ultranza, les prohibió subir al último tren que partía hacia la retaguardia, pero en cambio subió él en el último momento aprovechando la confusión. Murió en 1946 de un tumor cerebral.

7. *¿Cómo se explica el odio fanático de los nazis por los judíos?*

La aversión contra los judíos, impropiamente llamada antisemitismo, es un caso particular de un fenómeno más vasto: la aversión contra quien es diferente de uno. No hay duda de que se trata, en sus orígenes, de un hecho zoológico: los animales de una misma especie pero de grupos distintos manifiestan entre sí fenómenos de intolerancia. Esto también ocurre con los animales domésticos: es sabido que si se introduce una gallina de un determinado gallinero en otro, durante varios días es rechazada a picotazos. Lo mismo sucede con ratones y abejas y, en general, con todas las especies de animales sociales. Ahora bien, el hombre es ciertamente un animal social (ya lo había afirmado Aristóteles): pero ¡pobres de nosotros si todas las pulsiones zoológicas que sobreviven en el hombre se toleraran! Las leyes humanas están precisamente para esto: para limitar los impulsos animales.

El antisemitismo es un fenómeno típico de intolerancia. Para que surja una intolerancia hace falta que entre dos grupos en contacto exista una diferencia perceptible: ésta puede ser física (los negros y los blancos, los rubios y los morenos), pero nuestra complicada sociedad nos ha hecho sensibles a diferencias más sutiles, como la lengua, o el dialecto, o el mismo acento (bien lo saben nuestros meridionales cuando se ven obligados a emigrar al norte); la religión, con todas sus manifestaciones exteriores y su profunda influencia sobre la manera de vivir; el modo de vestir o de gesticular; los hábitos públicos y privados. La atormentada historia del pueblo judío ha hecho que en casi todas partes los judíos manifiesten una o más de estas diferencias.

En la trama, extremadamente compleja, de pueblos y naciones que se entrechocan, la historia de este pueblo tiene características particulares. Era (y en parte es) depositario de un vínculo interno muy fuerte, de naturaleza religiosa y tradicional; por consiguiente, pese a su inferioridad numérica y militar, se opuso con desesperado valor a ser conquistado por los romanos, fue derrotado, deportado y dispersado, pero el vínculo sobrevivió. Las colonias judías que se fueron formando, primero a lo largo de todas las costas mediterráneas y luego en el Medio Oriente, en España, en Renania, en Rusia meridional, en Polonia, en Bohemia y muchos otros sitios, siempre se mantuvieron obstinadamente fieles a este vínculo, que se fue consolidando bajo la forma de un inmenso cuerpo de leyes y tradiciones escritas, de una religión minuciosamente codificada y de un ritual peculiar y vistoso que permeaba todos los actos del día. Los judíos, minoritarios en todos sus afincamientos, eran así distintos, reconocibles como distintos, y a menudo orgullosos (con o sin razón) de ser distintos: todo lo cual los hacía muy vulnerables. De hecho fueron duramente perseguidos, en casi todos los países y en casi todos los siglos; a las persecuciones los judíos reaccionaron en pequeña parte asimilándose, es decir fundiéndose con la población circunstante; en su mayor parte, volvieron a emigrar a países más hospitalarios. Sin embargo, de tal manera se renovaba su «diferencia», exponiéndolos a nuevas restricciones y persecuciones.

Si bien en su esencia profunda el antisemitismo es un fenómeno irracional de intolerancia, en todos los países cristianos y a partir del momento en que el cristianismo se va consolidando como religión de Estado, el antisemitismo cobra un carácter marcadamente religioso, y aun teológico. Según afirma san Agustín, los judíos están condenados a la dispersión por el propio Dios, y por dos razones: porque de ese modo reciben el castigo por no haber reconocido en Cristo al Mesías, y porque su presencia en todos los países es necesaria a la Iglesia católica, que también está en todas partes, para que en todas partes se ponga de manifiesto ante los fieles la merecida infelicidad de los judíos. Por eso la dispersión y la separación de los judíos nunca habrá de terminar: ellos, con sus penas, deben testimoniar por la eternidad su propio error y, por ende, la verdad de la fe cristiana. Por consiguiente, dado que su presencia es necesaria, han de ser perseguidos, pero no matados.

No obstante, la Iglesia no se mostró siempre tan moderada: desde los primeros siglos del cristianismo se acusó a los judíos de algo mucho más grave: el ser, colectivamente y por la eternidad, responsables de la crucifixión de Cristo, de ser en fin el «pueblo deicida». Esta formulación, que aparece en la liturgia pascual en tiempos remotos y que sólo fue suprimida por el Concilio Vaticano II (1962-1965), se halla en el origen de varias creencias populares, funestas y siempre renovadas: que los judíos envenenan los pozos propagando la peste; que profanan habitualmente la hostia consagrada; que en Pascua secuestran niños cristianos con cuya sangre embeben el pan ácimo. Estas creencias han dado pie a numerosas y sangrientas matanzas, y, entre otras cosas, a la expulsión masiva de judíos primero de Francia e Inglaterra y luego (1492-1498) de España y Portugal.

Se llega al siglo XIX pasando a través de una serie nunca interrumpida de matanzas y migraciones, un siglo marcado por el despertar generalizado de las conciencias nacionales y por el reconocimiento de los derechos de las minorías: con excepción de la Rusia de los zares, en toda Europa caen todas las restricciones legales contra los judíos, las mismas que habían sido invocadas por las Iglesias cristianas (según el lugar y la época, la obligación de residir en *ghettos* o zonas particulares, la obligación de llevar en la ropa un distintivo, la prohibición de acceso a determinados oficios o profesiones, la veda de los matrimonios mixtos, etcétera). Sobrevive sin embargo el antisemitismo, más vivaz sobre todo en aquellos países en los que una religiosidad tosca seguía atribuyendo a los judíos el asesinato de Cristo (Polonia y Rusia), y donde las reivindicaciones nacionales habían dejado una estela de aversión genérica contra los lindantes y los extranjeros (Alemania; pero también Francia, en donde al final del siglo XIX los clericales, los nacionalistas y los militares se ponen de acuerdo para desencadenar una violenta oleada antisemita con ocasión de la falsa acusación de alta traición contra Alfred Dreyfus, oficial judío del Ejército francés).

En Alemania, especialmente, durante todo el siglo pasado una ininterrumpida serie de filósofos y políticos habían insistido en una teorización fanática según la cual el pueblo alemán, dividido y humillado durante mucho tiempo, era depositario de la primacía en Europa y quizás en el mundo entero, era heredero de remotas y extremadamente nobles tradiciones y civilidades, y estaba constituido por individuos sustancialmente homogéneos de sangre y raza. Los pueblos alemanes debían unirse en un Estado fuerte y aguerrido, hegemónico en Europa e investido de una majestad casi divina.

Esta idea de la misión de la Nación Germana sobrevive a la derrota en la primera guerra mundial y sale, al contrario, fortalecida de la humillación del tratado de paz de Versalles. De ella se adueña uno de los personajes más siniestros e infaustos de la Historia, el agitador político Adolf Hitler. Los burgueses y los industriales alemanes prestan atención a su inflamada oratoria: para ellos Hitler promete, Hitler logrará desviar hacia los judíos la aversión del proletariado alemán por las clases que lo han llevado a la derrota y al desastre económico. En pocos años, a partir de 1933, logra sacar partido de la cólera de un país humillado y del orgullo nacionalista suscitado por los profetas que lo precedieron, Lutero, Fichte, Hegel, Wagner, Gobineau, Chamberlain, Nietzsche: su idea fija es la de una Alemania dominadora, no en un futuro lejano sino ahora mismo; no mediante una misión civilizadora sino con las armas. Todo lo que no es germánico le parece inferior, o peor: detestable, y los primeros enemigos de Alemania son los judíos, por muchos motivos que Hitler enunciaba con fervor dogmático: porque tienen «sangre distinta»; porque están emparentados con otros judíos en Inglaterra, en Rusia, en América; porque son herederos de una cultura en la que se razona y se discute antes de obedecer y en la que está prohibido inclinarse ante los ídolos, cuando él mismo aspira a ser venerado como un ídolo y no vacila en proclamar que «debemos desconfiar de la inteligencia y de la conciencia, y poner toda nuestra fe en los instintos». Y finalmente, muchos judíos alemanes han alcanzado posiciones clave en la economía, en las finanzas, en las artes, en la ciencia, en la literatura: Hitler, pintor fallido, arquitecto fracasado, vuelca sobre los judíos su resentimiento y su envidia de frustrado.

Esta semilla de intolerancia, cuando cae en un terreno bien predispuesto, prende con vigor increíble pero con nuevas formas. El antisemitismo de corte fascista, ese que el Verbo de Hitler despierta en el pueblo alemán, es más bárbaro que todos sus precedentes: convergen en él doctrinas biológicas artificialmente falseadas, según las cuales las razas débiles deben caer frente a las razas fuertes; las absurdas creencias populares que el sentido común había enterrado hacía siglos; una propaganda sin tregua. Se rayan cotas nunca alcanzadas hasta entonces. El judaísmo no es una religión de la que pueda uno alejarse mediante el bautismo, ni una tradición cultural que pueda abandonarse por otra: es una subespecie humana, una raza diferente e inferior a todas las otras. Los judíos son seres humanos sólo en apariencia: en realidad son otra cosa: son algo abominable e indefinible, «más lejanos de los alemanes que el mono del hombre»; son culpables de todo, del rapaz capitalismo americano y del bolchevismo soviético, de la derrota de 1918, de la inflación de 1923; liberalismo, democracia, socialismo y comunismo son satánicos inventos judíos que amenazan la solidez monolítica del Estado nazi.

El paso de la prédica teórica a la acción práctica fue rápido y brutal. En 1933, sólo dos meses después de que Hitler conquistara el poder, nace Dachau, el primer Lager. En mayo del mismo año se enciende la primera hoguera de libros de autores judíos o enemigos del nazismo (pero más de cien años antes Heine, poeta judío alemán, había escrito: «Quien quema libros termina tarde o temprano por quemar hombres»). En 1935 el antisemitismo queda codificado en una legislación monumental y minuciosa, las Leyes de Nuremberg. En 1938, durante una única noche de desórdenes manipulados desde arriba, se incendian 191 sinagogas y se destruyen miles de tiendas de judíos. En 1939 los judíos de la Polonia recién ocupada son encerrados en *ghettos*. En 1940 se abre el Lager de Auschwitz. En 1941-1942 la máquina de exterminio está en pleno funcionamiento: las víctimas llegarán a millones en 1944.

En la práctica cotidiana de los campos de exterminación se realizan el odio y el desprecio difundido por la propaganda nazi. Aquí no estaba presente sólo la muerte sino una multitud de detalles maníacos y simbólicos, tendentes todos a demostrar y confirmar que los judíos, y los gitanos, y los eslavos, son ganado, desecho, inmundicia. Recordad el tatuaje de Auschwitz, que imponía a los hombres la marca que se usa para los bovinos; el viaje en vagones de ganado, jamás abiertos, para obligar así a los deportados (¡hombres, mujeres y niños!) a yacer días y días en su propia suciedad; el número de matrícula que sustituye al nombre; la falta de cucharas (y sin embargo los almacenes de Auschwitz contenían, en el momento de la liberación, toneladas de ellas), por lo que los prisioneros habrían debido lamer la sopa como perros; el inicuo aprovechamiento de los cadáveres, tratados como cualquier materia prima anónima, de la que se extraía el oro de los dientes, los cabellos como materia textil, las cenizas como fertilizante agrícola; los hombres y mujeres degradados al nivel de conejillos de india para, antes de suprimirlos, experimentar medicamentos.

La manera misma elegida para la exterminación (al cabo de minuciosos experimentos) era ostensiblemente simbólica. Había que usar, y se usó, el mismo gas venenoso que se usaba para desinfectar las estibas de los barcos y los locales infestados de chinches o piojos. A lo largo de los siglos se inventaron muertes más atormentadoras, pero ninguna tan cargada de vilipendio y desdén.

Como se sabe, la obra de exterminación fue muy lejos. Los nazis, que a la vez estaban empeñados en una guerra durísima, manifestaron en ello una prisa inexplicable: los cargamentos de víctimas destinadas al gas o a ser trasladadas de los Lager cercanos al frente, tenían precedencia sobre los transportes militares. No llegó a su culminación sólo porque Alemania fue derrotada, pero el testamento político de Hitler, dictado pocas horas antes de su suicidio y con los rusos a pocos metros de distancia, concluía así: «Sobre todo, ordeno al gobierno y al pueblo alemán que mantengan plenamente vigentes las leyes raciales, y que combatan inexorablemente contra el envenenador de todas las naciones, el judaísmo internacional».

Para resumir, se puede afirmar que el antisemitismo es un caso particular de intolerancia; que durante siglos ha tenido un carácter principalmente religioso; que en el tercer Reich fue exacerbado por la explosión nacionalista y militarista del pueblo alemán, y por la peculiar «diferencia» del pueblo judío; que se diseminó fácilmente por toda Alemania y buena parte de Europa, gracias a la eficacia de la propaganda de los fascistas y de los nazis que tenían necesidad de un chivo emisario sobre quien descargar todas las culpas y todos los resentimientos; y que el fenómeno fue llevado a su paroxismo por Hitler, dictador maníaco.

Debo conceder, sin embargo, que estas explicaciones comúnmente aceptadas no me satisfacen: son diminutas, no tienen común medida ni proporción con los hechos que pretenden explicar. Releyendo las crónicas del nazismo, desde sus turbios inicios hasta su fin convulsionado, no logro quitarme de encima la impresión de una atmósfera general de locura descontrolada que me parece ser única en la historia. Esta locura colectiva, este descarrío, suele explicarse postulando la combinación de muchos factores distintos, insuficientes uno a uno. El más importante sería la misma personalidad de Hitler y su profunda interacción con el pueblo alemán. Es verdad que sus obsesiones personales, su capacidad de odiar, su prédica de la violencia, hallaban una resonancia desenfrenada en la frustración del pueblo alemán, y de él le volvían multiplicadas, confirmándole su convicción delirante de ser él mismo quien encarnaba al Héroe de Nietzsche, el Superhombre redentor de Alemania.

Mucho se ha escrito acerca de su odio hacia el pueblo judío. Se ha dicho que Hitler volcaba sobre los judíos su odio hacia todo el género humano; que reconocía en los judíos algunos de sus propios defectos, y que al odiar a los judíos se odiaba a sí mismo; que la violencia de su aversión provenía del temor de tener «sangre judía» en las venas.

Insisto: no me parecen explicaciones adecuadas. No me parece lícito explicar un fenómeno histórico cargando todas las culpas sobre un individuo (¡los ejecutores de órdenes horrendas *no son* inocentes!), y además siempre es arduo interpretar las motivaciones profundas de un individuo. Las hipótesis propuestas justifican los hechos sólo parcialmente, explican la calidad pero no la cantidad. Debo admitir que prefiero la humildad con que algunos historiadores entre los más serios (Bullock, Schramm, Bracher) confiesan *no* comprender el antisemitismo furibundo de Hitler y, detrás de él, de Alemania.

Quizás no se pueda comprender todo lo que sucedió, o *no se deba* comprender, porque comprender casi es justificar. Me explico: «comprender» una proposición o un comportamiento humano significa (incluso etimológicamente) contenerlo, contener al autor, ponerse en su lugar, identificarse con él. Pero ningún hombre normal podrá jamás identificarse con Hitler, Himmler, Goebbels, Eichmann e infinitos otros. Esto nos desorienta y a la vez nos consuela: porque quizás sea deseable que sus palabras (y también, por desgracia, sus obras) no lleguen nunca a resultarnos comprensibles. Son palabras y actos no humanos, o peor: contrahumanos, sin precedentes históricos, difícilmente comparables con los hechos más crueles de la lucha biológica por la existencia. A esta lucha podemos asimilar la guerra: pero Auschwitz nada tiene que ver con la guerra, no es un episodio, no es una forma extremada. La guerra es un hecho terrible desde siempre: podemos execrarlo pero está en nosotros, tiene su racionalidad, lo «comprendemos».

Pero en el odio nazi no hay racionalidad: es un odio que no está en nosotros, está fuera del hombre, es un fruto venenoso nacido del tronco funesto del fascismo, pero está fuera y más allá del propio fascismo. No podemos comprenderlo; pero podemos y debemos comprender dónde nace, y estar en guardia. Si comprender es imposible, conocer es necesario, porque lo sucedido puede volver a suceder, las conciencias pueden ser seducidas y obnubiladas de nuevo: las nuestras también.

Por ello, meditar sobre lo que pasó es deber de todos. Todos deben saber, o recordar, que tanto a Hitler como a Mussolini, cuando hablaban en público, se les creía, se los aplaudía, se los admiraba, se los adoraba como dioses. Eran «jefes carismáticos», poseían un secreto poder de seducción que no nacía de la credibilidad o de la verdad de lo que decían, sino del modo sugestivo con que lo decían, de su elocuencia, de su arte histriónico, quizás instintivo, quizás pacientemente ejercitado y aprendido. Las ideas que proclamaban no eran siempre las mismas y en general eran aberraciones, o tonterías, o crueldades; y sin embargo se entonaban hosannas en su honor y millones de fieles los seguían hasta la muerte. Hay que recordar que estos fieles, y entre ellos también los diligentes ejecutores de órdenes inhumanas, no eran esbirros natos, no eran (salvo pocas excepciones) monstruos: eran gente cualquiera. Los monstruos existen pero son demasiado pocos para ser realmente peligrosos; más peligrosos son los hombres comunes, los funcionarios listos a creer y obedecer sin discutir, como Eichmann, como Hoess, comandante de Auschwitz, como Stangl, comandante de Treblinka, como los militares franceses de veinte años más tarde, asesinos en Argelia, como los militares norteamericanos de treinta años más tarde, asesinos en Vietnam.

Hay que desconfiar, pues, de quien trata de convencernos con argumentos distintos de la razón, es decir de los jefes carismáticos: hemos de ser cautos en delegar en otros nuestro juicio y nuestra voluntad. Puesto que es difícil distinguir los profetas verdaderos de los falsos, es mejor sospechar de todo profeta; es mejor renunciar a la verdad revelada, por mucho que exalten su simplicidad y esplendor, aunque las hallemos cómodas porque se adquieren gratis. Es mejor conformarse con otras verdades más modestas y menos entusiasmantes, las que se conquistan con mucho trabajo, poco a poco y sin atajos por el estudio, la discusión y el razonamiento, verdades que pueden ser demostradas y verificadas.

Es evidente que esta receta es demasiado simple como para cubrir todos los casos: un nuevo fascismo, con su retahíla de intolerancias, prepotencias y servidumbre, puede nacer fuera de nuestro país y ser importado, quizás en puntas de pies y haciéndose llamar con otros nombres; o puede desencadenarse dentro de casa con una violencia capaz de desbaratar todo reparo. Entonces los consejos de sabiduría ya no sirven y se debe encontrar la forma de resistir: también en esto, la memoria de lo sucedido en el corazón de Europa, y no hace mucho, puede servir de sostén y admonición.

8. *¿Qué sería usted hoy si no hubiera estado preso en los Lager? ¿Qué siente cuando recuerda esa época? ¿A qué atribuye el haber sobrevivido?*

Rigurosamente hablando, no sé ni puedo saber qué sería yo hoy si no hubiese estado en los Lager: ningún hombre conoce su futuro, y aquí se trataría justamente de describir un futuro que no tuvo lugar. Tiene cierto significado el intentar hacer previsiones (siempre groseras, por otra parte) sobre el comportamiento de una población, pero en cambio es extremadamente difícil, o imposible, prever el comportamiento de un individuo, aun en una escala de días. Del mismo modo, el físico sabe pronosticar con gran exactitud el tiempo que tardará un gramo de radio en reducir a la mitad su radiactividad, pero de ninguna manera es capaz de decir cuándo se desintegrará un átomo particular de ese gramo de radio. Si un hombre camina hacia una bifurcación del camino y no coge a la izquierda, es obvio que cogerá a la derecha; pero nuestras elecciones casi nunca son entre dos alternativas: luego, a cada elección suceden otras, todas múltiples, y así al infinito; finalmente, nuestro futuro depende mucho de factores externos, del todo ajenos a nuestras elecciones deliberadas, y de factores internos, pero de los que no somos conscientes. Por estas notorias razones no conocemos nuestro porvenir ni el de nuestro prójimo; por las mismas razones nadie puede decir cuál habría sido su pasado «si».

Una afirmación, sin embargo, puedo formular, y es ésta: si no hubiera vivido la temporada de Auschwitz, es probable que nunca hubiera escrito nada. No habría tenido motivo, incentivo para hacerlo: fui estudiante mediocre de italiano y pobre de historia, más me interesaban la física y la química, y además había elegido un oficio, el de químico, que nada tenía en común con el mundo de la palabra escrita. Fue la experiencia del Lager lo que me obligó a escribir: no tuve que luchar contra la pereza, los problemas de estilo me parecían ridículos, encontré milagrosamente tiempo para escribir sin jamás robar una hora a mi oficio cotidiano: me parecía tener este libro entero en la mente, sólo tenía que dejarlo salir y que descendiera al papel.

Ahora han pasado muchos años: el libro ha tenido muchas aventuras y se ha curiosamente interpuesto, como una memoria artificial, pero también como una barrera defensiva, entre mi tan normal presente y mi feroz pasado de Auschwitz. Lo digo con cierta vacilación, porque no quiero parecer cínico: recordar los Lager hoy no me provoca ninguna emoción violenta ni dolorosa. Al contrario: a mi experiencia breve y trágica de deportado se ha superpuesto esa otra mucho más larga y compleja de escritor-testigo, y la suma es claramente positiva; globalmente, este pasado me ha hecho más rico y seguro. Una amiga mía, que muy joven había sido deportada al Lager para mujeres de Ravensbrück, dice que el campo fue su universidad: creo poder afirmar lo mismo, es decir que viviendo y luego escribiendo y meditando acerca de aquellos hechos, he aprendido muchas cosas sobre los hombres y el mundo.

Tengo que precisar de inmediato que este éxito positivo fue suerte de muy pocos: de los deportados italianos, por ejemplo, sólo el cinco por ciento pudo regresar y, de ellos, muchos perdieron la familia, los amigos, los bienes, la salud, el equilibrio, la juventud. El hecho de haber sobrevivido y de haber vuelto indemne se debe en mi opinión a que tuve suerte. En muy pequeña medida jugaron los factores preexistentes, como mi entrenamiento para la vida en la montaña y mi oficio de químico, que me acarreó algún privilegio durante mis últimos meses de prisión. Quizás también me haya ayudado mi interés, que nunca flaqueó, por el ánimo humano y la voluntad no sólo de sobrevivir (común a todos), sino de sobrevivir con el fin preciso de relatar las cosas a las que habíamos asistido y que habíamos soportado. Y finalmente quizás haya desempeñado un papel también la voluntad, que conservé tenazmente, de reconocer siempre, aun en los días más negros, tanto en mis camaradas como en mí mismo, a hombres y no a cosas, sustrayéndome de esa manera a aquella total humillación y desmoralización que condujo a muchos al naufragio espiritual.

PRIMO LEVI

Noviembre de 1976

Índice